"十三五"国家重点出版物出版规划项目

应用语言学
核心话题系列丛书
Key Topics in
Applied Linguistics

◆ 语言测评
Language Assessment

KEY TOPICS

外语学科核心话题
前沿研究文库

语言测试反拨效应研究

✳

Research of Washback in Language Assessment

金艳　陈芳　著

外语教学与研究出版社
FOREIGN LANGUAGE TEACHING AND RESEARCH PRESS
北京 BEIJING

图书在版编目 (CIP) 数据

语言测试反拨效应研究 / 金艳，陈芳著. -- 北京：外语教学与研究出版社，2024. 10. --（外语学科核心话题前沿研究文库）. -- ISBN 978-7-5213-5774-5

I. H09

中国国家版本馆 CIP 数据核字第 2024TK0510 号

语言测试反拨效应研究

YUYAN CESHI FANBO XIAOYING YANJIU

出 版 人　王　芳
选题策划　常小玲　李会钦　段长城
项目负责　段长城
责任编辑　段长城
责任校对　李晓雨
装帧设计　杨林青工作室
出版发行　外语教学与研究出版社
社　　址　北京市西三环北路 19 号（100089）
网　　址　https://www.fltrp.com
印　　刷　北京盛通印刷股份有限公司
开　　本　650×980　1/16
印　　张　15
字　　数　207 千字
版　　次　2024 年 10 月第 1 版
印　　次　2024 年 10 月第 1 次印刷
书　　号　ISBN 978-7-5213-5774-5
定　　价　65.90 元

如有图书采购需求，图书内容或印刷装订等问题，侵权、盗版书籍等线索，请拨打以下电话或关注官方服务号：
客服电话：400 898 7008
官方服务号：微信搜索并关注公众号"外研社官方服务号"
外研社购书网址：https://fltrp.tmall.com

物料号：357740001

记载人类文明
沟通世界文化
www.fltrp.com

出版前言

随着中国特色社会主义进入新时代，国家对外开放深化、信息技术发展、语言产业繁荣与教育领域改革等对我国外语教育发展和外语学科建设产生了深远影响，也有力推动了我国外语学术出版事业的发展。为梳理学科发展脉络，展现前沿研究成果，外语教学与研究出版社汇聚国内外语学界各相关领域专家学者，精心策划了"外语学科核心话题前沿研究文库"（下文简称"文库"）。

"文库"精选语言学、应用语言学、翻译学、外国文学研究和跨文化研究五大方向共25个重要领域100余个核心话题，按一个话题一本书撰写。每本书深入探讨该话题在国内外的研究脉络、研究方法和前沿成果，精选经典研究及原创研究案例，并对未来研究趋势进行展望。"文库"在整体上具有学术性、体系性、前沿性与引领性，力求做到点面结合、经典与创新结合、国外与国内结合，既有全面的宏观视野，又有深入、细致的分析。

"文库"项目邀请国内外语学科各方向的众多专家学者担任总主编、子系列主编和作者，经三年协力组织与精心写作，自2018年底陆续推出。"文库"已获批"十三五"国家重点出版物出版规划项目，作为一个开放性大型书系，将在未来数年内持续出版。我们计划对这套书目进行不定期修订，使之成为外语学科的经典著作。

我们希望"文库"能够为外语学科及其他相关学科的研究生、教师及研究者提供有益参考,帮助读者清晰、全面地了解各核心话题的发展脉络,并有望开展更深入的研究。期待"文库"为我国外语学科研究的创新发展与成果传播作出更多积极贡献。

外语教学与研究出版社

2018年11月

目录

第三章　语言测试反拨效应研究框架 　　　　　　　32

总序

当前国际范围内对应用语言学的认识以"国际应用语言学协会"（Association Internationale de Linguistique Appliquée，AILA）给出的定义最具代表性（De Bot 2015: 26-31）。该协会认为：应用语言学是研究现实语言问题的交叉学科。相关语言问题可借助既有语言学理论和方法，也可采用新创的理论思路或手段加以解决。语言教学、社会语言学、语料库语言学、跨文化交际、语言政策与规划等是应用语言学的常见领域。上述理解已渐成共识，主流期刊（如 *Applied Linguistics*）与最新出版的《应用语言学手册》和《语言学与应用语言学百科全书》涵盖范围也大致如此。

虽说应用语言学学科分支广泛而多元，但不难看出所谓的狭义应用语言学，即语言的教与学，仍是热门的话题，相关成果也令人瞩目。究其原因，早在1964年召开的第一届国际应用语言学大会（AILA World Congress）上，语言教学便是首要议题。其后几十年来，应用语言学领域不断延展，而语言教学研究的热度则长盛不衰。在这一进程中，语言教学领域不断分化，譬如按语言构成、语言技能、语言教学环节、语言教学主体、语言教学机制等，衍生出语音、词汇、语法、语篇、语用教学，听说读写译教学，课堂教学与语言测评，学习者及教师、中介语和语言习得的社会和心理机制等相关教学及研究。此次"应用语言学核心话题系列丛书"设立的语言习得、社会语言学、心理语言学、语料库语言学、语言测评、二语写作、外语教师教育等子系列，正是我国发展较快的几大核心领域。

现代意义上的语言教学理论探讨，可追溯到20世纪20—30年代英美学者在中国（以Lawrence Faucett为代表）、日本（以Harold Palmer为代表）、印度（以Michael West为代表）开展的英语教学实践和理论总结（Howatt & Smith 2014：85）。随着1941年密歇根大学"英语研究所"（English Language Institute）的成立以及Charles C. Fries（1945）*Teaching and Learning English as a Foreign Language*一书的出版，语言教学研究大势渐成。其后，各类应用语言学组织、会议、专论和学刊如雨后春笋般涌现。

我国应用语言学的发展历程与改革开放同步。在桂诗春先生等先驱开辟的广阔天地里，从引介到创新（何莲珍 2018；王初明 2018），应用语言学走过了锐意进取、成果丰硕的四十年。在研究领域方面，我国应用语言学研究的主体也是语言教学，尤其是英语教学和对外汉语教学。即便是我国的语料库语言学研究，也以英汉中介语分析最盛，意在解决语言学习问题。在研究成果方面，我国学者在过去十余年里产出的高水平应用语言学研究成果令人瞩目，高影响因子英文论文数量激增（Lei & Liu 2018）。我国应用语言学学者正以实际行动赢得国际学术话语权，提升国家文化软实力。

更令人欣喜的是，以文秋芳"产出导向法"、王初明"续理论"等为代表的中国特色理论探索与实践创新，均表明我国应用语言学学者正从西方思想搬运工向中国理念设计师转变。在此过程中，理论本身的完善和学界思想的碰撞在所难免。但不可否认，聚焦语言运用与语言教学中的真问题，有意识地建构本土特色应用语言学理论（另见崔希亮 2007：8），是我国学者责无旁贷的使命。

本系列丛书正是坚守传承与创新的使命，本着梳理学科发展脉络，展现前沿研究成果的宗旨，从应用语言学不同领域的核心话题入手，评述相关理论与实践的沿承、探索与发展，力求体现学术性、系统性、前沿性与引领性。下面对各子系列作一简介。

语言习得系列

主编为蔡金亭教授。该系列从语言本体、认知、社会等多视角考察语言习得的影响因素、过程与结果。该系列有三个特点。第一，专家写专题。该系列首批包括四本书:《二语词汇习得研究》《语言迁移研究》《二语学习同伴互动研究》和《二语的外显学习和内隐学习》。因其独特的重要性，这些专题几十年来一直备受关注，佳作纷呈，亟须我国外语教师和研究人员了解其历史和现状。四位作者均在各自领域深耕多年，具有丰富的经验与独特的视角。第二，理论、实证、方法有机结合。所有专著都在介绍相关概念理论的基础上，系统梳理了国际及国内的实证研究，并对相关研究方法进行了专门归纳。第三，客观梳理与主观评论兼顾。作者在综述各领域的研究时，一方面以具体研究问题为主线对前人研究进行系统梳理，另一方面从研究内容、研究方法、结果与讨论等方面进行有针对性的评论，既帮助读者了解现状，又激发读者对未来研究进行思考。

社会语言学系列

主编为高一虹教授。社会语言学是研究语言与社会关系的交叉学科，大致可分为较为宏观的部分(如语言政策与规划)和较为微观的部分(如语言变异)。社会语言学描述现实情境中的语言现象，并对其进行解释。就对材料解释的理论视角而言，社会结构与个人主体能动性构成主要的关系，强调社会结构对语言行为影响的称为"社会结构主义"，强调个体在与环境互动中之能动性的称为"社会建构主义"。从半个世纪本学科的发展来看，有一个从社会结构主义向社会建构主义逐渐发展的过程。这一发展体现在子领域内部的研究取向、解释视角以及研究话题的转向、新概念和子领域的兴起等。"社会语言学系列"首批包括四本书。第一本是《社会语言学视角下的共同体》。这是社会语言学兴起时的原始核心话题，关注社会结构因素对语言的影响。后来，变异研究和共同体研究经历了从结构观向建构观的发展过程。因此，这是一个经典而又崭新的领域。第二本是《社会语言学视角下的言语交际》。它聚焦个体的交际过程，包括称谓语、礼貌、交际策略等多个方面，与语用学、修辞学等有交叉。在这个子领域，建构观的影响更加突出。第三本是《从世界英语到国际通用英语》。该话题可以说是语言变异研究的延伸，能为传统上以"本族语"为样板的外语教学提供较开阔的社会视角。第四本是《语言态度与语言认同》。这实际是两个相互关联的话题，其中语言态度受到持续关注，而语言认同近一二十年来才成为社会语言学中的热门话题。这四本书只涉及了社会语言学的一部分内容，较偏向微观。我们期待以后将更多的话题介绍给国内读者，以促成更多本土的创新性研究。

心理语言学系列

主编为董燕萍教授。心理语言学研究语言使用和习得的心理机制。语言使用包括语言的理解和产出；语言习得包括母语、二语、三语、双语及多语的习得，但一般侧重母语的习得，因为这是语言习得研究的根本；心理机制常常指加工某一问题时的心理过程及在这个过程中呈现的规律，还可能因为研究方法及视角的不同而被称为认知机制或者神经机制。心理语言学一般采取实验方法，通过操纵变量从而更好地研究某些变量的作用。在充分考虑已出版以及即将出版的同类图书基础上，基于话题的重要性和前沿性以及避免重复出版的原则，本系列首批包括三本书：《词汇加工研究》《句子加工研究》和《口译加工研究》。前两本书探讨心理语言学最根本、最传统、最核心的话题，最能体现心理语言学研究的精髓，是语篇加工研究及语言产出研究的基础。第三本在口译这项极具挑战性的语言任务中综合探讨语言理解和产出以及两者之间的协调关系。该话题最能体现心理语言学的学科交叉性和前沿性。三本专著从不同层面阐述语言加工的心理机制，并介绍具体研究方法，包括行为的方法（收集眼动数据、按键或者说话的反应时长、产出的语料等）和神经科学的方法（收集脑电数据、磁共振数据等）。

语料库语言学系列

主编为许家金教授。语料库语言学立足语用，突出概率，讲求方法，重视语境，既可构建语言理论，也可指导语言运用。语料库语言学作为以方法论见长的语言学分支，已广为语言学界接纳。其应用甚至扩展到传播学、文学、政治学、社会学和法学等人文社科领域。在国际范围内，基于语料库的话语研究成果尤其丰硕。因此，本系列第一本书便以《语料库与话语研究》为题展开讨论。该书不仅介绍了语料库语言学在话语组织方面的研究思路，还着重探讨了如何借助语料库考察话语中的身份或形象建构。在我国，语料库语言学选题集中于中介语及翻译语言研究，相关成果数以百计。本系列第二本书《语料库与双语对比研究》在对英汉语宏观特征量化描写的基础上，围绕英汉语介词、指称范畴、句段内部构成、事件编码方式、话语功能等议题作了深入对比。此外，为进一步拓展我国语料库语言学的选题视野，本系列还特别推出《语料库与学术英语研究》一书。该书着眼于学术英语的词汇、语法、话语特色及学科差异等，旨在通过语料库方法对学术英语进行精细描写，挖掘其典型特征，从而助力我国学者在国际上发表论文。

语言测评系列

主编为韩宝成教授。本系列首批将出版三本书：《语言测评效度验证研究》《语言测试反拨效应研究》和《Rasch测量理论在语言测评中的应用研究》。《语言测评效度验证研究》对语言测试学科出现的四种效度验证模式进行深度剖析，分析经典效度研究案例，阐释如何收集效度证据并构建效度论证框架。《语言测试反拨效应研究》基于实证研究，重点介绍反拨效应的成因与本质，分析如何通过实施有效测试促教促学。近年来，Rasch模型在语言测评研究中受到广泛重视，《Rasch测量理论在语言测评中的应用研究》将结合Rasch模型在测评研究以及测评开发中的应用研究，系统介绍和分析该模型的原理、使用方法和相关研究进展。本系列的出版将有力推动我国语言测评研究的发展。

二语写作系列

主编为王立非教授。本系列首批将出版五本专著:《二语写作课堂教学研究》《二语写作认知心理研究方法与趋势》《二语写作测评方式研究》《二语写作身份认同研究》和《体裁与二语写作研究》。本系列有以下三个特色:第一,从社会文化的宏观视角和心理认知的微观视角,聚焦二语写作领域的前沿问题,对国内外二语写作研究现状、研究热点进行深度剖析,对本领域的未来发展趋势作出预测;第二,以中国大学生和学生写作文本为研究对象和语料,分析中国人学习英语写作的重点和难点,寻求适合提高中国学习者二语写作能力的路径和方法;第三,选择的话题具有代表性和跨学科性,都是当前高校英语写作教学改革的热点问题,有助于加深我们对二语写作的特点与规律的认识,探讨二语写作教学改革的新模式和路径。

外语教师教育系列

主编为徐浩副教授。本系列聚焦外语教师学习与发展的核心话题,既突出教师学习的动态过程,又关注教师发展的影响因素,同时致力于采用更具综合性、整合性的视角来描述、分析、建构教师学习与发展的历程和规律。本系列在重点综述经典文献和前沿文献的同时,将着重对核心概念进行梳理和辨析,并通过综述框架的创新,展示核心话题的新维度与新视角。本系列首批涵盖外语教师学习、外语教师能力、外语教师共同体、外语教师知识等核心话题。《外语教师学习》基于三大学习理论分别从外语教师学习的结果、过程、途径和环境展开讨论;《外语教师能力》从教育心理学的视角,分别对外语教师能力的行为维度、认知维度和社会建构维度进行探讨,并提出一个整合性的研究框架;《外语教师共同体》从实然而非应然的角度,对外语教师所置身参与的各类共同体展开剖析,尤其关注我国外语教师共同体活动的实践及其特点,并对相关研究进行综述;《外语教师知识》解析外语教师认知、行为的核心基础——教师知识,阐述教师知识的性质、特点、生成机制和建构过程。

　　从上述介绍可以看出，我国已出现一批学养深厚、术有专攻的应用语言学中坚力量。他们将聚焦应用语言学领域的核心话题，引领我们解决本土语言运用难题，并不断走向国际学术前沿。希望更多的同行和年轻学子加入这一学术共同体，研读经典，探讨新知，让我国应用语言学绽放出实践智慧和理论光彩，而不再只是语言学理论的应用。本丛书还将根据国内外应用语言学研究进展适时再版，并不断扩充话题。希望本丛书能为同行学者和青年学子拓展科研视野、丰富研究方法作出积极贡献。

"应用语言学核心话题系列丛书"编委会

2018年12月

参考文献

De Bot, K. 2015. *A History of Applied Linguistics: From 1980 to the Present.* London: Routledge.

Fries, C. 1945. *Teaching and Learning English as a Foreign Language.* Ann Arbor: University of Michigan Press.

Howatt, A. & R. Smith. 2014. The history of teaching English as a foreign language from a British and European perspective. *Language and History* 57 (1): 75-95.

Lei, L. & D. Liu. 2019. Research trends in applied linguistics from 2005 to 2016: A bibliometric analysis and its implications. *Applied Linguistics* 40 (3): 540-561.

崔希亮，2007，谈汉语二语教学的学科建设，《世界汉语教学》(3)：6-8。

何莲珍，2018，从引介到创新：中国应用语言学研究四十年，《外语教学与研究》(6)：823-829。

王初明，2018，我国应用语言学研究在解决问题中前行，《外语教学与研究》(6)：813-816。

前言

　　语言测试作为评估语言能力的重要工具，其影响已远超出单纯的评价功能。随着全球化发展和跨文化交流日益频繁，语言测试对教学实践、课程设置、学习者行为乃至整个教育生态产生了深远影响。这种影响被学界称为"反拨效应"（washback）。本书旨在系统回顾语言测试反拨效应的理论基础、研究方法及其在不同教育环境中的研究案例，为该领域的研究和实践提供新的视角和启示。

　　语言测试反拨效应研究始于20世纪90年代，且随着语言测试在全球范围内的广泛应用而日益受到重视。早期研究主要聚焦高风险考试对教学内容和方法的影响。近年来，学者们开始关注更广泛的社会文化因素，以及测试对学习者心理、教师测评素养发展等方面的影响。在中国教育体系中，语言测试占据重要地位。中国拥有世界上最大的英语学习者群体，高考，全国大学英语四、六级考试，全国高等学校英语专业四、八级考试以及各种国际化英语考试对教学的反拨效应尤为显著。因此，语言测试反拨效应成为众多学者关注的焦点。本书在梳理既有研究成果的基础上，力求拓展研究视野，深化对反拨效应的理解。

　　本书分为理论基础、研究方法、实证研究案例和发展趋势四个部分。在理论基础部分，我们回顾了反拨效应研究的发展历程，梳理了反拨效应的定义、分类及主要理论模型。我们特别关注了语言测试效度与反拨效应的关系，阐述了反拨效应的复杂性和动态性，强调了社会文化背景、教育体系等因素的重要性。研究方法部分详细介绍了与这些理论相呼应的定性、定量和混合研究的设计方案、构成要素、数据分析方法和软件，以及需要特别注意的事项。我们溯源了多个术语的本意，评估了国内反拨效应研究方法的现状，并推荐了有益的拓展内容，如元分析和测量学知识等。在每种研究范式下，我们都通过特色实例展示了相关方法的应用，以及示范了如何结合前文开展批判性阅读。实证研究案例部分汇集了地区性和国际化语言考试案例，涵盖了不同国家和地区的英语语言测试实践。这些研究采用了多元化的研究方法，旨在全面捕捉反拨效应的多维度特征。发展趋势部分探讨反拨效应研究发展趋势并提出选题建议。

本书的一大特色是理论与实践紧密结合，研究方法和案例分析相互呼应，有助于读者更全面、深入地理解反拨效应这一复杂现象。语言测试反拨效应研究具有重要的理论和实践意义。从理论上看，它有助于我们深入理解测试对教学和学习的影响机制，促进测试理论的发展。从实践上看，反拨效应研究可以使我们更好地理解测试与教学的互动关系，为教育决策者和测试开发者提供科学依据，优化教学内容和方法，提高教学质量和学生的学习效果。

尽管反拨效应研究已取得丰硕成果，但仍存在诸多有待深入探讨的问题。例如，如何更精确地测量和描述反拨效应的强度和性质，如何区分测试本身与其他因素的影响，以及如何在不同教育文化背景下比较研究结果等。本书在总结已有成果的基础上，提出了与语言测试反拨效应理论和实践相关的主要观点，展望了反拨效应研究的发展趋势，并从理论框架、产生机制和研究方法三个方面提出了未来研究的方向和重点。此外，受精力和阅历等限制，本书的主要研究对象为英语考试，未来研究需要更多关注其他语种考试的反拨效应研究。

最后，我们衷心感谢本系列丛书的策划者和编辑，正是你们的鼓励、支持和帮助，才使得本书能够最终成形。我们由衷希望本书能为语言测试开发者和研究者、教育工作者以及对此感兴趣的学者提供有益的参考和启示，共同推动语言测试反拨效应研究的不断深入，使语言测试更好地服务于教育发展和社会进步。

金艳　陈芳

上海交通大学

2024年8月

第一章 引言

　　语言是人类进行沟通和交流的表达方式，是人类思维的工具，也是文化的载体和传播工具。语言教学的主要任务是使学习者掌握语言交流所需要的知识和技能，培养跨文化交际的意识和能力，拓宽视野，形成正确的价值观。语言测试是语言教学的一个组成部分，目的是描述学习者语言能力的发展，评价学习者的语言能力水平，为语言教学提供反馈，助力语言学习，推动教学改革和发展。因此，狭义的语言测试反拨效应指语言考试或测试对语言教学和学习所产生的各方面影响。同时，语言的社会性是其本质属性。语言服务于社会，也随着社会的发展而发展。为了帮助机构或单位作出正确的录用、选拔、培训等决策，语言测试专业机构开发了各种类型的语言考试。这些考试具有特定的社会功能，用于描述和评价语言使用者的语言能力现状或发展潜力。语言测试的社会功能使其对考生个体、考试相关的利益群体乃至社会产生各种影响。因此，广义的语言测试反拨效应研究也涵盖了考试所产生的社会影响或后果。

　　本书对语言测试反拨效应的探讨主要围绕考试对教学产生的影响。然而，我国有不少大规模、高风险的语言考试，这些考试对考生、利益相关群体和国家的外语教育政策等都有着深刻的影响。因此，本书也将涉及考试产生的社会影响。本章是全书的引言部分，简要回顾语言测试反拨效应研究概况，阐述相关的重要概念，并描述本书的编排结构，以帮助读者更好地阅读和理解本书的内容。

1.1 语言测试反拨效应研究概况

在我国历史上的科举制度实施期间，人们就认识到考试对教学产生的深刻影响。杨学为（2001：136）在探讨科举考试的历史评价时指出，"作为国家选拔官员的考试制度，科举的基本做法都是应当肯定的，'肯定'当然不是说要恢复沿用，而是说，以历史唯物论的观点来看，它们并非错误。"杨学为从积极和消极两个方面分析了科举考试与教和学的关系。从积极方面来看，科举考试激励学子奋发学习，因为唯有努力才能考取功名；从消极方面来看，受科举考试内容和方式的影响，参加科举考试成为教学的目标，考试的要求成为教学要求，教学内容变得日益狭窄，教学成为考试的附庸，形成重理论、轻实践、死记硬背、呆板僵化的学风。

因此，考试制度会对教育产生影响并非新观点，但对此话题一直缺乏系统的研究。以高考为例，自1977年恢复高考以来，教学一直与高考密不可分。于涵（2017：128）在回顾高考制度恢复40年考试内容改革时指出，"除了选拔功能，高考因其连接高等教育与基础教育阶段主渠道的特殊地位，对于高中乃至整个基础教育的教学来说，都体现出了'硬指挥棒'的作用，因此，高考也就自然被赋予了附加立场——引导教学。"如何发挥高考的正面作用，同时避免考试对教学产生的负面导向，依然是摆在我国教育工作者面前亟待解决的重大课题。

国外学者也早已关注语言测试对教学的影响。Wall（1997）详细介绍了语言测试反拨效应研究的发展历程。她引用Simon（1974）的报告，分享了教育测量领域长期以来对测试与教学关系的探索，研究内容包括考试对学生的学习动力、期望、焦虑、学习方法的影响，对教学内容和方法的影响，对教学有效性评价的影响，对学校课程设置的影响，以及对社会机会分配的影响等各个方面。例如，牛津大学在1802年推出了一个新的考试项目之后，学生只关注该考试所考查的学科，这说明该考试项目限制了学生在校期间的学习内容。早期的语言测试领域也有零星的考试反拨效应研究论文或论著，如Wall（1997）介绍了三项早期的研究：Davies（1968）、Madson（1976）和Wesdorp（1982）。

在我们为撰写本书收集的语言测试文献中，最早聚焦教学与测试的是Ballard于1939年出版的专著《英语教学与测试》（*Teaching and Testing English*）。作者提出，测试是教学的重要组成部分，教学与测试之间很难划分出一条清晰的界限。作者以自己设计的一个朗读测试为例，说明测试对教学的影响。该测试要求学生在一分钟内尽可能多地朗读一连串单词，单词之间毫无关联且难度递增。这是一个考查学生词汇和语音知识的测试任务，但作者却多次发现教师在课堂上用该测试任务来训练学生，以提高学生的朗读速度。作者认为这是典型的考试误用，并用两个类比来解释自己的观点：父母通过不断给宝宝称体重来增加其营养，或是人们通过不断体检来增强自己的体质（Ballard 1939：161-162）。测试只是测量手段，不能替代课堂教学。

现代语言测试是应用语言学领域中的一个年轻学科。Lado于1961年出版《语言测试：外语测试的开发与应用（教师用书）》（*Language Testing: The Construction and Use of Foreign Language Tests: A Teacher's Book*）一书，标志着语言测试成为应用语言学的一个独立分支。在过去60多年的发展历程中，语言测试反拨效应受到越来越多的关注。20世纪90年代，英国兰卡斯特大学的测试学者基于在斯里兰卡开展的考试研究以及对相关研究的回顾，于1993年提出了著名的考试反拨效应是否存在之问（Alderson & Wall 1993；Wall & Alderson 1993），呼吁研究者应更加重视考试反拨效应的证据，更多地开展实证研究，并为今后的考试反拨效应实证研究提出了15项假设。之后，语言测试领域的期刊《语言测试》(*Language Testing*)于1996年邀请Charles Alderson和Dianne Wall主编了语言测试反拨效应研究的专刊，发表了一批重要的研究成果，如Alderson & Hamp-Lyons(1996)分享了托福考试的案例，Messick(1996)提出了将考试后果作为效度组成部分的整体效度观，Bailey(1996)提出了考试反拨效应研究的理论模型等。之后，语言测试领域将考试反拨效应视为效度的一个重要组成部分，开展了深入的探索，涌现出一大批基于实证数据的调查和研究。本书第七章和第八章将挑选一些地区性考试和国际化考试的反拨效应研究案例进行分析。

1.2　语言测试反拨效应核心概念

每个研究领域都有一些核心概念，这些概念能展现学科的逻辑结构，对这些概念的阐释是对某个领域研究范畴的凝练和概括，可以帮助研究者抓住问题的要点，厘清事实依据，思考进一步探索的方向，同时也可以帮助读者正确理解和认识该领域的研究成果。在本节中，我们介绍以下几个语言测试反拨效应研究的核心概念：高风险考试，课堂测试，利益相关者，反拨效应、影响、后果。

1.2.1　高风险考试

语言测试根据其用途和产生的影响，可分为高风险考试(亦称高利害考试)和低风险考试。Madaus(1988：35)对高风险考试(high-stakes test)定义如下："此类考试的结果被用于重要决策，这些决策无论正确与否都将对学生、教师、教学管理者、家长或普通民众产生直接的影响。"Cizek(2005：25)认为，所谓高风险是指考试产生积极或消极的后果，如学生升级或留级、教师工资高低或奖惩、政府表彰表现突出的学校或接管表现欠佳的学校等。Bachman & Damböck(2018：33)依据考试决策产生的风险程度将考试分为三大类：对考生产生重要影响的高风险考试(如高校入学考试)；影响程度中等的中风险考试(如语言课程中的分级测试)；影响程度较低的低风险考试(如课堂测试和反馈)。

Madaus(1988)对高风险考试的反拨效应提出了警告，他认为，考试的风险越高，对教学的影响越大。因为教师会为适应考试要求而改变教学目标和内容，最终考试要求很可能会成为真正意义上的课程标准。Cizek(2005)也承认人们对高风险考试有各种批评意见，如增加教师的挫败感和倦怠感、使低龄学生产生厌恶感、增加学生退学比例、减少课堂讲授时间、测试死记硬背的低层次内容、不利于追求学术卓越、缩减课程内容、拉大学业差距、助推社会不公平、引发作弊等。但他认为，这些批评往往来自考试相关者的主观评判或感受，并非基于令人信服的事实或充分的证据。而且，他从决策需求、问责制度等角度分析了高风险考试的作用，并且用数据说明了学生家长、普通民众等对高风险考试的认可。

我国是考试大国。隋朝建立的科举考试就是典型的高风险考试。科举制度之所以被废除，是因为它对教育、社会价值观、社会的改革和创新等产生了严重的消极影响。但是，科举考试制度依然"是中华民族对人类文明的伟大贡献，在世界上长期处于领先地位，许多国家借鉴经验，改革选拔制度，如英、法等国"(杨学为 2017：10)。新中国成立之后实施的高考是现代教育史上又一项重要的大规模考试，尽管高考也存在着片面追求高分的弊端以及由此产生的对教育的负面影响，但高考依然对公平、公正的人才选拔发挥着重要的作用。除了高考，我国大规模、高风险语言考试项目还有全国大学英语四、六级考试，全国高等学校英语专业四、八级考试和全国英语等级考试等。语言测试学者围绕这些考试项目，开展了多方位的、较深入的反拨效应研究。

1.2.2 课堂测试

"考试"与"测试"是语言测试领域最常用的两个词语，它们在很多语境中可以交替使用。尽管如此，两者在用法上仍有些区别。本书中，"考试"主要用来指风险程度相对较高的终结性语言能力测评；"测试"则用于风险程度相对较低的形成性评价。因此，教师在课堂上对学生的语言能力进行测评或学生自评和互评均被称为"课堂测试"（classroom-based assessment）。但是，当我们泛指对语言能力或水平的考查或评价时，"语言测试"是最为通俗的用法；而"语言考试"则用于特指大规模考试（见本书第七至八章）。从其发展历程来看，语言测试反拨效应研究主要聚焦大规模、高风险考试。Davies *et al.*（1999）编撰的《语言测试词典》（*Dictionary of Language Testing*）有600条术语，却没有包含"课堂测试"或"课堂语言测试"的相关条目。1984年创刊的《语言测试》早期收录的论文的主要研究对象是大规模考试或校本的终结性考试。课堂测试似乎是一个无需进行解释的普通名词，因为它是课堂教学的组成部分，几乎所有语言教师都在课堂上开展各种目的和形式的评价活动。

但是，随着语言测试领域对促学评价理念的深入探究，课堂测试以其独特的目的、方法和意义而得到越来越多的关注。2004年创刊的《语言测评季刊》（*Language Assessment Quarterly*）首期刊登了关于课堂形成性评价的论文（Leung 2004）。一些专业考试机构为更充分地体现从考试到测评的转向，修改了机构名称，如剑桥大学考试委员会（University of Cambridge Local Examinations Syndicate，简称UCLES）于2005年更名为剑桥大学考评院（Cambridge Assessment）。

课堂测试可以帮助教师获得大规模考试无法测量的学生语言能力信息，测试方式更加真实、有意义，是连接教、学、考最好的方式之一（金艳、孙杭 2020）。课堂测试主要用于课堂评估（classroom-based evaluation），是评价教学活动有效性、提升教学质量的重要手段。Genesee & Upshur（1996: 5-6）对课堂评估的定义是，根据评估目的，如确定学生掌握程度、了解学生学习困难、判断教学活动是否有效等，采用各种形式的课堂测试采集并解读数据，以便作出合适的教学决策。近年来，随着学习导向型评价（learning-oriented assessment）研究的深入，课堂测试也受到更多关注。学者在测试任务设计、教师角色、师生互动、促学效果等方面对语言教学中的课堂测试开展了深入的研究。

1.2.3　利益相关者

语言测试的利益相关者（stakeholders）指所有参与考试工作的人员、考试的使用者和受考试影响的个体或群体。Davies *et al.*（1999：185）对"利益"（stakes）的定义是"考试结果对考生产生影响的程度"。从考试反拨效应的角度看，受考试影响的不仅仅是考生，还包括教师、家长或亲属以及考试使用者，如高校或企业等选拔考生的单位，以及教育政策、语言政策甚至移民政策的制定者等。不同的群体对测试的需求不同，受影响的方面和程度不同，所需要的语言测评素养也不同。Taylor（2013）提出的语言测评素养剖面模型将利益相关者分为命题人员、课堂教师、行政管理人员和测试专业从业者四个群体。Butler *et al.*（2021）提出，语言测评素养研究还需要关注考生或语言学习者群体，他们是最重要的利益相关群体。

语言测试的社会学属性很大程度上源自考试所产生的利益。利益本身就是一个社会学名词，通常指得到的好处。语言测试的开发和使用是为了满足个体、群体乃至社会层面的各种需求。当测试相关者的利益诉求不同时，利益冲突便会产生。以获得公民资格或以移民为目的的语言测试为例（Shohamy 2009；Shohamy & McNamara 2009），考生希望通过考试实现身份转变或移民，国家权力机构则以语言考试为工具，实现对申请公民资格或移民的个体或群体的筛选，接受当权者认为对国家发展有利的考生，拒绝他们认为对国家发展无益或有潜在危害的考生。

1.2.4 反拨效应、影响、后果

语言测试反拨效应的研究范围很广，采用的术语也不尽相同。常用的几个意义相近的术语是"反拨效应/作用"（washback）、"影响"（impact）和"后果"（consequence）。

早期的反拨效应研究主要关注教学与考试的关系。在我国最早引荐标准化考试的《标准化考试——理论、原则与方法》一书中，桂诗春（1986：3）提出了一个简要的定义：一般来说，考试呼应教学，教学作用于考试；但是一些影响大的考试又往往反作用于教学，这种反作用被称为"反拨作用"。在该书的第一章第一节，桂教授分析了我国考试中存在的弊端，如考试缺乏明确目的，颠倒了教学和考试的关系，形形色色的应试辅导班、试题集、考试指导书泛滥成灾，导致学生疲于应付，干扰了教学的正常秩序；又如考试命题缺乏统一标准和要求，使考试无法对教学起到积极的"反拨"作用。桂诗春（1986：5）提出要建立符合我国人才培养需要的考试制度：所谓"制度化"，实际上指从教育和考试的相互关系上考虑考试的"反拨"作用，建立一套有利于促进教育发展的法定的考试制度。

考试对教学和学习产生的反拨作用是考试反拨效应研究最重要的内容。20世纪90年代初，Alderson & Wall（1993）提出了关于考试对教学和学习产生影响的15项假设，为系统化的考试反拨效应实证研究提供了思路和方法。随着语言测试使用范围的不断拓展，语言测试学者开始关注考试对教育体系或社会产生的影响，这种更具广泛意义的考试反拨作用被称为"影响"。Wall（1997：291）对语言测试的"反拨效应"和"影响"作了区分，前者被限定为考试对教学和学习产生的影响，后者则泛指考试在课堂、学校、教育体系乃至整个社会的范围内对相关的个体、政策或实践所产生的各方面影响。

"后果"一词主要源于Messick（1989，1996）提出的整体效度观。Messick（1989）认为，构念效度（construct validity）是考试效度最关键的层面，对考试分数的解释具有核心作用。影响考试效度的两大因素

是所测试的构念（construct）代表性不足或构念不相关。Messick（1989）采用渐进矩阵展示分层效度的框架，构念效度出现在每一个层面。他还在渐进矩阵中引入了价值含义（value implication）和社会后果（social consequence）。在此之前，考试效度研究更多关注考试本身，整体效度观则明确将考试产生的社会后果纳入效度论证的框架。在之后的效度论证框架中，社会后果成为效度研究的一个重要方面。Bachman & Palmer（2010）的测试使用论证框架（assessment use argument，简称 AUA）更是将考试使用和后果作为效度研究的出发点。该框架提出四个有关考试效度的主张，其中的一个主张就是关于考试的使用及产生的后果，即语言测试的使用对所有利益相关者都是有利的。论证该主张的证据主要来自考试的教学反拨效应和社会影响。

因此，尽管这几个术语在语言测试研究中经常被交替使用，但是它们的意义和使用语境不尽相同。在本书中，我们用"反拨效应"来特指考试对教学和学习产生的作用，用"影响"或"后果"来泛指更广泛意义上的考试对教育体系或社会产生的影响。

1.3　本书结构

本书是"外语学科核心话题前沿研究文库·应用语言学核心话题系列丛书·语言测评"系列中的一册。全书共九章，从以下四个方面探索语言测试反拨效应研究的理论和实践：理论回顾与评析、研究方法介绍、实证研究案例分析以及发展趋势探讨。

第一至三章是语言测试反拨效应理论回顾与评析。第一章是全书的引言，简要回顾语言测试反拨效应研究概况，阐述相关的重要概念，帮助读者更好地阅读和理解本书内容。第二章回顾语言测试效度理论的发展过程，重点分析语言测试反拨效应与效度的关系。第三章回顾语言测试反拨效应研究的理论框架，重点介绍几个具有较好应用价值的框架。第四至六章阐述语言测试反拨效应的研究方法。其中，第四章介绍定性研究方法，第五章介绍定量研究方法，第六章介绍混合研究方法。第七至八章首先介绍选择案例的主要原则和分析案例的框架，然后以具有一定影响力的地区性和国际化语言考试项目为例，回顾反拨效应实证研究的目的、方法和结果。第九章总结全书所阐述的主要观点和陈述的主要事实，分析语言测试反拨效应研究面临的挑战，探讨反拨效应研究发展趋势并提出选题建议。

需要指出的是，本书回顾和总结了语言测试反拨效应研究的理论和实践，但并未致力于拓展语言测试反拨效应的理论框架。例如，在第二章探讨考试反拨效应与效度理论的关系时，笔者回顾了相关的文献，提出所支持的观点，但是，本书并未深入探究效度理论框架，也没有提出自己的反拨作用研究理论框架。本书的主要目的有以下两个方面。第一，回顾国内外关于语言测试反拨效应研究的文献，指出加强反拨效应研究的重要意义；第二，界定语言测试反拨效应研究的范畴，梳理相关的研究范式和方法，推动我国的语言测试领域开展更多高质量的实证研究。反拨效应研究与教学息息相关，为更好地让语言类课程设计者、教材编写者和一线授课教师阅读本书，笔者尽可能采用通俗易懂的方式描述和论述相关的理论和方法。本书对语言测试反拨效应的理论和实践作了系统的梳理和回顾，因此也适合语言测试研究者，包括高校语言测试方向的硕博研究生，作为基础读物。

第二章 语言测试反拨效应与效度理论

在第一章中，我们提到语言测试领域早已开始关注考试与教学的关系。在教育与心理测量领域，自20世纪20年代起，考试项目评价者已经开始认识到考试产生的影响对考试评价的意义（Kane 2013：60）。不过直至20世纪七八十年代，Messick（1981，1989）和Cronbach（1971，1988）才切切实实地把考试影响纳入效度研究范畴。Messick的整体效度观将考试分数的使用及其产生的影响视为效度的一个重要部分，凸显了考试影响的作用；Cronbach把考试影响作为评价考试决策的重要内容。但是，由于效度理论与实践之间存在比较严重的脱节问题，众多的效度理论和实证研究仍将重点放在考试分数的含义和分数解释上（Cizek 2020；Cizek *et al.* 2008）。正如Brennan（2006：8）所指出的，"效度理论很丰富，但是效度论证的实践却十分匮乏"。在本章中，我们将回顾效度理论的演变和发展过程，并聚焦语言测试领域的效度理论发展，阐释语言测试效度理论和效度论证框架，探讨考试反拨效应与效度的关系，为第三章的考试反拨效应理论阐述奠定基础。

2.1 早期的效度观

效度是教育与心理测量领域的核心概念，是教育与心理测量质量最

重要的评价标准，因此，学者们一直致力于发展和完善效度理论。首版
《教育测量》(*Educational Measurement*) 对效度的定义是，一项测试在
多大程度上测量了所希望测试的能力，即考试分数与"真实的"标准分
数之间的相关性 (Cureton 1951: 621 - 623)。据此定义，评判一项测试
的效度需要借助其他测量工具并计算两者的相关程度，即相关系数。效
度被视为一个表示测试品质的静态属性，而且是与其他标准相比较而得
到的相对概念。在同一时期发表的《心理测量与诊断测试的技术参考》
("Technical recommendations for psychological tests and diagnostic
techniques", American Psychological Association 1954) 一文延续
了基于外部效标的效度定义，并将效标关联效度 (criterion-related
validity) 细分为同期效度 (concurrent validity) 和预期效度 (predictive
validity)。前者是将测试分数与同期获得的其他测量结果进行关联，以
判断测试结果的准确性；后者是将测试分数与之后获得的其他测量结果
进行关联，以判断测试对考生表现的预测力。

随着对效度研究的深入，学者们开始认识到效度概念的复杂性。
Cronbach & Meehl (1955) 指出可以从多方面对测试进行评价，如效标关
联效度、内容效度 (content validity) 和构念效度。如果无法对所考察的
潜质作出操作性的定义，或者找不到合适的外部效标，那么就可以从理
论上论证测试的构念效度，即构念效度可以替代效标关联效度和内容效
度。分类效度观多被称为三分效度观，但也有学者把效标关联效度分为同
期效度和预期效度，因此分类效度观也被称为四分效度观。分类效度观丰
富了效度的内涵，更为重要的是，它提出了效度关乎测试用途的观点，即
效度用来判断一项测试在何种程度上为实现某个测试用途而提供了有用的
信息。这是效度理论从对测试本身品质的评价到关注测试使用迈出的重要
一步。

《教育与心理测试标准和手册》(*Standards for Educational and
Psychological Tests and Manuals*) (APA, AERA & NCME 1966) 采用了

分类效度的定义，并提出可以有多个外部效标，不同的效标测量不同方面的特征或行为。在第二版《教育测量》中，Cronbach（1971）的效度定义强调了测试的准确性检验，即测试的信度侧面。自20世纪80年代以来，效度理论得到进一步拓展。一方面，效度理论增加了对考生答题过程、考生情感因素等方面的关注；另一方面，效度理论进一步从对考试品质的关注转向对考试分数的解释、推断和使用的关注。1985年版的《教育与心理测试标准》（APA，AERA & NCME 1985：9）对效度定义如下："基于考试分数所作的每一个具体推论是否适切、有意义且有用"，而且效度论证是"一个采集证据以论证这些推论的过程"。该标准提出采集不同类型的证据来论证一项考试的效度，同时它回应了学界开始出现的对分类效度观的质疑，指出效度论证需要多方面证据，但这不应理解为有不同类型的效度。至此，效度理论开始从分类效度观向整体效度观转变。

2.2　整体效度观与考试后果

随着效度理论研究的推进，学者们对分类效度观提出了更多的批评。Brennan（1998：7）的观点比较有代表性："三分效度观的分类有些随意，类别不够完整，而且推断的依据来自不同类型的证据。"此外，分类效度观缺乏对考试分数的使用及其产生的社会影响的关注。在第三版《教育测量》中，Messick（1989）明确提出，效度是一个以构念为核心的综合性整体概念，是对分数解释和分数使用的评价。Messick采用一个渐进矩阵来展示分层效度的思想，其中构念效度出现在每个层面，从左上角到右下角，逐层叠加。而且，该框架明确将考试分数的使用及其产生的后果视为效度的重要组成部分。1999年版的《教育与心理测试标准》（AERA，APA & NCME 1999）明确提出，效度论证需要各种来源的证据，但是这并不代表效度有不同的类型。该标准不再沿用分类效度观的术语(如内容效度、预期效度等)，它对效度的定义是："根据指定用途支持分数解释的那些事实和理论的有效程度。"(美国教育研究协会、美国心理学协会、全美教育测量学会 2003：12)该标准强调考试的分数解释与其预期用途密切相关，效度和信度取决于支持分数解释的理据，并非考试自身的属性。

在这一时期，学者们对于把考试后果纳入效度研究范畴仍持不同意见，他们的质疑或担忧主要聚焦效度论证的可行性，即整体效度观框架下如何建立具有操作性的效度论证模式(李清华 2006)。Kane(1992，2001，2006，2013)一直坚持把后果视为效度论证的一部分。为论证考试后果，Kane(2001)提出把解释论证(interpretive argument)框架分为描述性论证和说明性论证两个部分。描述性论证的任务是描述如何通过考试分数推断出考生能力；说明性论证的任务是依据考生能力描述作出决策。以阅读分组测试为例，Kane(2001：337)认为，效度论证应包括"考生阅读能力描述以及对考生作出的分组决策两个部分，分组决策还可能受小组规模等其他因素的影响"。

在第四版《教育测量》中，Kane(2006)延续了Messick(1989，1996)的整体效度理论并阐释了基于解释论证的效度理论。根据Kane(2006)的定义，效度是对分数解释和分数使用的论证，效度论证的步骤是从考试表现推论(performance inference)到分数解释推论(scoring inference)，再到概化推论(generalization inference)，最后到外推推论(extrapolation inference)。至于如何确定这些推论的具体内容，Kane(2006：60)建议采用"协商"的方法：效度研究需论证的考试分数解释推论和分数使用推论应该由考试利益相关者协商而定。不过，有学者认为协商的方法过于理想化，在实施中会遇到各种挑战(Cizek 2008：97)。

至21世纪初，效度理论研究已经取得了重要进展，效度理论也具备了一些重要特点。Sireci(2007：477)将其总结为以下四个方面：1)效度不是考试自身的属性，而是指通过考试分数的使用达到某些目的；2）论证考试对于某种具体用途的有用性和适切性需要多方面的证据支持；3）在针对某一用途论证考试效度时，需要充分的、与该用途相关的证据支持；4）效度并非静态的属性，效度论证无法一次完成，需要持续不断的论证。

近十年来，教育和心理测量领域以及语言测试领域出现了许多基于论证的实证效度研究，但在理论层面未出现实质性的进展。Kane（2013）修正了解释论证框架，提出解释及使用论证（interpretation/use argument，简称IUA）框架。他指出，Bachman & Palmer（2010）的测试使用论证框架更强调考试分数的使用（详见2.3小节），而解释论证框架更偏向对考试分数解释的论证，不够重视分数的使用。Kane（2013：2）认为，考试的分数解释和分数使用同样重要，在效度研究中都应得到充分的重视。为此，Kane不断完善基于论证的效度研究方法（an argument-based approach），以减弱人们对效度理论实用性的不满。他指出，如果所考核的是一个抽象的理论构念，那么界定该构念的理论就是IUA的核心证据，即Cronbach & Meehl（1955）提出的构念效度。在大多数情况下，效度研究需要逐个论证所有与考试分数解释和分数使用相关的主张。

Kane（2013）总结了学界对考试后果研究达成的一些共识，例如，决策主张的论证需要全面评价考试对相关群体产生的后果，并关注正面影响是否大于负面影响；决策主张的论证要针对群体性的后果；决策主张的论证信服力在很大程度上取决于价值观，因此论证结果被认可的前提是利益相关者认同这些价值观等。他特别强调，非预期的考试后果，尤其是负面的、系统性的影响应纳入效度研究的范畴，而且测量学界理应承担这方面研究的使命。Kane（2013：63）指出："若把后果论证从效度研究中剔除，我们传递给考试使用者的信息很可能是，只要考试的分数解释或预期用途得到论证，考试分数的任何用途似乎就可以得到默认。效度是考试评价的底线，但是在评价考试的决策主张时，考试产生的后果，尤其是负面影响不应该被忽视。"

2014年出版的第五版《教育与心理测试标准》（AERA，APA & NCME 2014）延续了之前已经被采纳的整体效度观，强调了考试目的和用途与效度的关系。该标准提出，考试效度必须是针对某些预设的用途而言，每一种预期用途都必须有充分的证据来支撑。因此，不加修饰地泛泛而谈"考试效度"是错误的。但是，正如Chalhoub-Deville & O'Sullivan（2020：130-132）所指出的，该标准对效度的定义也有局限性，主要问题是其所定义的效度仅仅包含预期的考试后果，由政策或其他原因引起的非预期的考试后果并不在该标准所认定的效度范畴之内。

2.3　语言测试效度研究

从前文的回顾可以看出，经过一个世纪的发展，教育和心理测量领域的效度研究从关注考试自身的质量，发展到全面论证考试的使用以及考试对教学和学习、教育体系乃至社会产生的影响。效度的内涵越来越丰富，也出现了多种效度论证的范式。教育和心理测量领域对效度理论长期的、深入的探索为语言测试的发展奠定了坚实的理论基础。语言测试是一个交叉学科，其发展主要归因于两个领域的馈入：一是语言科学及各种语言相关科学，解决考什么的问题；二是语言测试手段的科学，如测量科学、实验方法论和信息技术，解决怎么考的问题（李筱菊 2001：24-29）。基于以上对教育和心理测量领域效度研究的回顾，下文将进一步阐述国内外对现代语言测试发展产生重大影响的语言测试效度理论，并分析这些理论对考试反拨效应的解读（见表2.1）。

表 2.1　国内外有影响力的语言测试效度理论

代表论著	效度理论
桂诗春（1986）	分类效度观；考试对教学具有反拨作用
李筱菊（1997，2001）	拓展的效度观；考试反拨效应是超考试效度
Bachman & Palmer（1996）	测试有用性框架；影响是有用性特征之一
Weir（2005）	社会–认知效度论证框架；基于证据的后果研究
Chapelle *et al.*（2008，2010）	基于论证的效度研究；后果是效度的一部分
Bachman & Palmer（2010）	测试使用论证框架；后果是论证的出发点
Chalhoub-Deville & O'Sullivan（2020）	效度综合论证模式；行动理论指导考试影响研究

　　从国内语言测试领域的发展来看，效度研究的理论和实践汲取了国际教育和心理测量领域相关的研究成果，并在实践过程中适当地本土化，建立适合我国教育和社会环境的语言测试体系（金艳、杨惠中 2018）。桂诗春（1986：IV-V）将该问题阐述如下："中国是最早推行考试的国家之一，经验教训多，但因袭也重。标准化考试的一整套做法大多数是引进的，但在本书所介绍的也并非生吞活剥地照搬，而是经过咀嚼消化，大多数是实践过，并证明是有效的。"李筱菊（1997：1）在《语言测试科学与艺术》一书的前言中指出，"它不属于纯学术理论著作，更不敢说有什么权威性的立论，但是书内对语言测试理论，尤其是对实践有指导意义的理论，作了一定广度和深度的挖掘，也算是笔者16年测试理论研究的总结"。2.4小节将阐述这两位语言测试研究领域前辈的效度理论观。

　　从国际语言测试研究来看，语言测试学者在过去半个多世纪中从教育和心理测量领域汲取了丰富的知识，并运用到语言测试理论研究和实践中。Chapelle（1999）对20世纪60年代至90年代语言测试领域的效度理论发展作了总结。在20世纪60年代至70年代，以Lado（1961）和Oller（1979）为代表的语言测试学者认为效度是最重要的考试评价标准，信度是效度的基本保障。效度证据主要来自考试与其他效标的相关系数，还包括由专家判断的考试内容效度以及测试构念与语言学理论的一致性。自20世纪80年代开始，语言测试领域拓展了三分效度观，引入了更多种类的效度。例如，Henning（1987）增加了反应效度（response validity），并将效标关联效度细分为同期效度和预期效度。他还强调，效度是与考试目的紧密关联的考试质量评价，效度论证必须基于考试预设的目的。又如，Hughes（1989）提出效度应包含考试反拨效应，要论证考试对教学产生的影响。1990年是语言测试领域从分类效度观向整体效度观转变的分水岭，代表作是《语言测试要略》（*Fundamental Considerations in Language Testing*，Bachman 1990）（转引自 Chapelle 1999：257）。基于 Messick（1989）的整体效度观，Bachman（1990）提出了以构念效度为核心且包含考试后果的语言测试整体效度观。进入21世纪，语言测试研究更深入地探索效度论证的模式，完善效度理论在实践中的应用。Weir（2005）倡导社会–认知效度论证框架；Chapelle *et al.*（2008，2010）将 Kane（1992，2001，2006）基于论证的效度研究模式引介到语言测试领域；Bachman & Palmer（1996，2010）提出了测试有用性框架和测试使用论证框架；Chalhoub-Deville & O'Sullivan（2020）提出了效度综合论证模式。2.4小节将回顾这五个有较大影响力的语言测试效度理论框架。

2.4 语言测试效度理论与反拨效应研究

2.4.1 桂诗春（1986）的分类效度观

我国语言测试学者不断探索效度理论并开展各类语言测试的效度研究（实证研究详见本书第七章和第八章）。在《标准化考试——理论、原则与方法》一书中，桂诗春（1986：137）对效度定义如下：效度指的是"一个考试测量了它所要测量的东西的程度"。据此，他进一步阐释了四大类效度：内容效度、预期效度、共时效度和实验效度。他指出了各类效度的检验方法、目的，并举例说明不同类型的考试需要重点关注不同类型的效度（见表2.2）。期中或期末考试需要重点关注内容效度，而入学考试或水平考试需要着重检验预期效度。共时效度，即前文提到的同期效度，是检验考试的一种手段，需要考生在近乎相同的时间内参加被检验的考试和公认的标准化考试。如果两者存在高相关关系，则可以为考试提供效度证据。实验效度主要用于检验心理学上假设的效度，例如了解学生在智力上有哪些能力倾向对他们以后的学习会起重要作用。可见，实验效度与心理测量中的"构念效度"意义相同。

表 2.2　效度类型（引自桂诗春 1986：141）

类型	所要解决的问题	方法	目的	举例
内容效度	是否考了要考的内容	把题目和考试大纲所规定的内容作比较	检查成绩	期中考试、期末考试、毕业考试
预期效度	对未来的工作和学习作出预测	对比学习前后的成绩	选拔分类	大学入学考试、水平考试
共时效度	对目前学习成绩作出估计	对比考生同时参加两次不同考试的成绩	建立常模	将某一考试成绩和另一标准化考试成绩作比较
实验效度	实验本身是否有效，能否接受或拒绝假设，成绩或结果是否有代表性	提出与检验假设	对心理特征与能力倾向作试验	学能考试

　　尽管该效度定义采纳的是传统效度观，关注考试自身的效度，并未包含考试之外的反拨效应等，但桂诗春（1986）在第一章第一节就阐述了考试的几个弊端，其中包括考试对教学的负面影响。例如，考试缺乏明

确的目的，颠倒了教学和考试的关系；有些学校考试较多，教师把主要精力放在应对考试上，学生大量做题，参加形形色色的应试辅导班，干扰了教学的正常秩序。又如，考试命题缺乏一致的标准和要求，命题范围、重点、深浅程度不稳定，导致考试无法对教学起积极的"反拨"作用（桂诗春 1986：3）。该书所附的考试术语汉英对照表也包含了"反拨（washback，backwash）"这一词条。20世纪80年代，我国的标准化教育考试刚刚步入正轨，研究也刚起步，能如此深入地思考教学与考试的关系实属不易。

2.4.2　李筱菊（2001）的拓展效度观

　　20世纪90年代末，李筱菊（1997）在《语言测试科学与艺术》一书中阐释了传统的分类效度观。该书第二版对效度定义如下："测试所考的，是否就是所要考的，或者说，在多大程度上，是考了目的所要考的"（李筱菊 2001：37）。李筱菊（2001）将效度分为内在效度和外在效度（见表2.3）。内在效度指存在于测试本身的效度，包括内容效度和结构效度。内容效度指的是测试是否考了考试大纲规定要考的内容；结构效度指整个考试依据的理论结构，而并非试题或试卷的结构。结构效度是考试的理论原则效度，决定了考试性质。外在效度指利用测试之外的标准，即外在标准（external criterion）验证而得以证实的效度。外在效度主要有同期效度和预期效度两种。

　　除了经典的效度定义外，李筱菊（2001：38-43）还提出效度定义应拓展到考试的使用，因为一项考试除了检测学生是否已掌握所学内容这个目的外，"应该还有更进一步的目的"，达到这个目的的程度就是"超考试效度"（beyond-the-test validity）。基于拓展的效度理论，她提出效度还包括使用效度（use validity）和超考试效度。使用效度也称为使用者反应效度，指考试分数使用者的反应，细分为表面效度（face validity）和反应效度。表面效度指受试者对考试形式和内容的看法，即是否觉得它是一项有效的考试；反应效度指受试者答题时是否按试题设计的要求作出反应。超考试效度的依据是交际语言测试的超考试目的论：考试不仅仅是为了得到一些数据，描述受试者的目标能力，而是有实际的、超出考试本身的目的。超考试效度分为实效效度（operational validity）和反拨效度。如果考试达到了超考试的目的，那么该考试就具有实效效度。另外，考试对教学有着无可否认的反拨效应，有时候还是很强大的反拨效应。

表 2.3　李筱菊（2001）对分类效度观的阐释

效度理论	分类	定义	细分类	定义
经典的效度理论	内在效度	测试本身的效度	内容效度	是否考了大纲规定内容
			结构效度	考试的理论原则效度
	外在效度	与测试之外标准的关联	同期效度	与其他标准的关联程度
			预期效度	对未来表现的预测力
拓展的效度理论	使用效度	考试使用者的反应	表面效度	受试者的看法
			反应效度	受试者的答题过程
	超考试效度	考试其他目的的达成度	实效效度	其他目的的达成度
			反拨效度	考试对教学的反拨效应

　　李筱菊（2001）特别指出，经典的效度定义承认考试有反拨效应，但是不认为反拨效应是效度的一部分。为此，李筱菊（2001：43）把反拨效度归为超考试效度，并指出超考试效度是拓展的效度理论中的一种重要类型，可以通过现场调查或问卷调查的方式来举证。她提出，考试设计者应该"有意识地让考试给教学带来一种良好的导向作用，这是比考试目的更重要的目的"。考试若能达到这个目的，就是具有良好的反拨效度。最后，李筱菊（2001：43）重申了她在1990年提出的一个观点："一个考试的最终价值，不在于它能用多少数据去证明，而在于它能否给人带来美好的、快乐的效果，有助于使人变得更完美。"这一观点表明，语言测试的

最高境界是将测量科学与人文科学结合，如何调和这两个领域是语言测试学者应该追求的最高层次的目标。

2.4.3　测试有用性框架

Bachman & Palmer(1996：17-18)对测试有用性(test usefulness)的定义是"一项测试对于达到预设目的的有用性程度"；测试有用性的六个特征是：信度、构念效度、真实性、交互性、影响、可操作性。Bachman & Palmer(1996：18)指出，传统的分类效度观认为各类效度同样重要，都应该达到最好的程度。但是，这既不现实，也不一定能获得最佳效果。在测试有用性框架的指导下，测试开发者把特征之间的关系视为互补，力求在不同的特征之间找到一个平衡点，这样才能获得最满意的整体效果。为提升测试有用性，测试设计应遵循以下三大原则：

> 原则一：我们的目标是提升测试的整体有用性，而非某一项有用性特征。
> 原则二：不可独立评价单项特征，必须评价其对测试整体有用性的影响。
> 原则三：有用性须视具体的测试环境而定，不可对有用性和不同特征之间的合理平衡作统一要求。

影响是测试有用性的特征之一，指的是考试分数的使用对社会、教育体系以及个体产生的影响。Bachman(1990：279)提出一个重要的观点："考试的开发和使用并不是在无需价值判断的心理测量试管里做实验；几乎所有的考试都是为了满足教育体系或整个社会的需求而设计和开发的。"Bachman & Palmer(1996)再次强调，考试都是有目的且包含价值判断的，依据考试分数所作的决策在微观和宏观两个层面会产生各种影响。在微观层面，考试对考生或利益相关者的学习、工作或生活产生影响；在宏观层面，考试对社会或教育体系的方方面面产生影响。

Bachman & Palmer（1996）把考试对教学和学习产生的影响称为反拨效应。20世纪90年代的反拨效应研究主要聚焦考试对教学和学习过程产生的正面或负面影响。受考试影响最大的群体是考生，他们在考试的各个环节都受到不同程度的影响，如备考、参加考试、得到分数和反馈、依据分数所作的决策等。教师也是受考试直接影响的重要群体，教学内容、进度、方法等都会不同程度地受到考试影响。在社会和教育体系层面，在不同的社会环境和持有不同价值观的群体中，考试会产生不同的影响，而且这种影响超出了个体的层面。Bachman & Palmer（1996）的建议是尽可能详细地罗列出预期的考试用途及可能产生的后果，并按照期望的程度排序，然后采集各种证据来论证这些后果。

2.4.4　社会－认知效度论证框架

为指导考试开发和效度研究，Weir（2005）提出一个基于证据的效度论证模式（O'Sullivan & Weir 2011）。根据Messick（1989）提出的整体效度观，Weir（2005）采用交互构念定义方式，从认知能力、交际语境和考试分数之间的交互作用阐释考试构念，并细致地描述了五个方面的效度证据来源，构建了社会－认知效度论证框架（socio-cognitive framework）。该框架的核心理念是考试任务设计须充分考虑真实语言交际的各种环境因素，并在命题细则中规定各类交际任务的语境参数，然后通过观察考生答题的认知过程判断考生的语言交际能力。

社会－认知效度论证框架建议分两个阶段采集效度证据：考试开发阶段和考试正式投入使用之后。在前期效度论证（*a priori* validation）阶段，主要任务是采集效度证据论证考试的语境效度（context validity）和理论效度（theory-based validity）。在之后的论著中，理论效度被更新为认知效度（cognitive validity, Shaw & Weir 2007）。在考试实施之后的效度论证（*a posteriori* validation）阶段，效度研究的任务是采集评分效度

（scoring validity）、后果效度（consequential validity）以及效标关联效度的相关证据。

该框架下的效度论证聚焦以下六个研究问题（Weir 2005：48-49）：

a. 考试如何处理考生的身体/生理、心理和经验等方面特征对考试的影响？

b. 考试任务的语境特征和施考环境对所有考生是否公平？

c. 考生答题的认知过程的真实性程度如何？

d. 考试分数是否可靠？

e. 考试对各利益相关者产生了什么样的影响？

f. 有何外部证据证明考试是有效的？

考试影响是社会–认知效度论证框架所界定的考试效度的一个重要方面，包括考试对社会或教育体系产生的影响和考试对教学和学习产生的影响（Weir 2005）。考试影响研究的对象是所有利益相关群体，如学生、教师、家长、政府或行政管理人员、市场相关人员。Weir（2005：38）强调，考试影响研究对维护考试的伦理道德至关重要，还有助于避免考试被当作权力的工具。此外，由于教育问责制的推行，形成性测试逐步被大规模问责考试替代，这削弱了考试对教学的辅助和推动作用。Weir（2005：39）认为，社会–认知效度论证框架的运用可以帮助教师设计和评价课堂教学所需的形成性测试，也可以帮助教师谨慎选择和运用大规模考试。

2.4.5 基于论证的效度研究

当基于证据的效度观被普遍认可之后，效度研究遇到的问题是采集什么样的证据、采集多少种类的证据、如何呈现证据、如何报告结果。Chapelle对效度研究的主要贡献是拓展和完善了基于论证的语言测试效度论证框架。Chapelle（1999）以"语言测试效度"为题，全面回顾了20世纪60年代至90年代语言测试领域的效度观，并细致地介绍了如何采集并分析有关考试内容、答题过程、试卷结构、效标关联、组间差异、考试后果等方面的效度证据。Chapelle(1999：264)强调，效度研究结果是基于论证的、针对特定考试用途的判断，而不是基于证据得出的绝对结论。

Chapelle *et al.*(2008)运用基于论证的模式，采集和分析了托福网络考试(TOEFL Internet-based Test，简称"托福网考")开发阶段的效度证据，为托福网考的分数解释和使用奠定了基础。Chapelle(2008：320)指出，该研究推动了效度论证实践的发展，展示了如何运用分数解释推论构建效度论证框架，组织效度研究并呈现效度证据。该研究的主张是托福网考分数有效，即大学招生部门可以根据分数判断考生的英语水平能否使其在以英语为媒介的环境中学习或研究。论证框架由六大推论组成：语言使用域定义(domain definition)、评价(evaluation)、概化(generalization)、解释(explanation)、外推(extrapolation)和使用(utilization)。根据该框架，研究者为每个推论采集并呈现证据。在论证框架的指导下，效度论证有章可循，效度结论有据可依。Chapelle *et al.*(2010)对比了Kane(2006)和《教育与心理测试标准》(AERA，APA & NCME 1999)的效度研究模式，从研究目标描述、研究设计和实施过程、研究结果呈现以及反证的举证等方面凸显了Kane(2006)基于推理、层层递进的论证模式的优势。

Chapelle(2021)再次以"语言测试效度"为题，总结了语言测试领域关于效度理论达成的共识。目前，语言测试领域最基本的共识是Messick(1989)提出的整体效度观。Chapelle(2021：12-13)认为，"效度类型"(types of validity)与"证据类型"(types of evidence)有着本质的区别，前者会误导人们对效度的理解，认为效度是考试自身的属性；而效度其实需要通过理论和实证来论证分数解释和使用。更为重要的是，整体效度观将考试使用和后果纳入效度研究范畴，使效度研究从技术论证转向价值判断和社会实践活动。从效度论证来看，语言测试领域主要采用了Kane(1992，2001，2006，2013)提出的基于论证的效度论证模式。传统的效度研究是证明考试是否达到了一系列通用的标准，而基于论证的效度研究则是针对考试的用途，提出需要论证的主张，并采集相关的证据来支持考试分数解释和使用。该文提出的论证框架包含七大推论，增加了关于后果含义（consequence implication）的推论，即考试分数的使用者认为考试的预期用途能够产生良好的后果。

Chapelle & Voss（2021）以12个案例展示了基于论证的效度研究。这些案例既有大规模高风险考试，也有各种低风险的教学测试。在最后一章（第十三章）的总结中，Chapelle和Voss强调，基于论证的效度研究理念和模式同样适用于课堂评价。在12项研究中，有三项（第十至十二章）采用多种方法论证了"后果"推论，即考试分数的使用产生了良好的后果，得到了考试利益相关者的认同。在章节最后，Chapelle和Voss指出，基于论证的效度研究并非无所不能，例如，基于论证的效度研究无法告诉我们考试"有效"或"无效"。研究者获得的是关于每一个推论的结论，是推论得到证据支持的程度，需要汇总所有推论的结论才能对考试的整体效度作出判断。此外，基于论证的效度研究不能仅仅依靠专家，考试使用者也需要共同承担效度研究的责任。

2.4.6 测试使用论证框架

从效度概念界定和论证方法上来看，测试有用性框架（Bachman & Palmer 1996）和社会-认知效度论证框架（Weir 2005）属于效度研究领域的"技术派"（technical approach，Fulcher 2015：116），具有很强的可操作性。但是，Fulcher（2015：116-120）认为，与基于论证的效度研究框架相比，"技术派"有三个方面的问题：论证模式趋于验证性，缺乏开放性的探索；对效度最薄弱环节的备择假设（alternative hypothesis）关注不够充分；研究费时且费资源。McNamara（2003）也指出，测试有用性框架的各个特征之间关系不够明确，框架缺乏整体连贯性，也未明确有用性特征与考试后果之间的关系。

Bachman（2005）提出了测试使用论证框架，并经过不断完善，在 Bachman & Palmer（2010）中作了更加详细、完整的介绍和阐述（赵中宝、范劲松 2012）。首先，Bachman & Palmer（2010：31）提出语言测试开发和使用的四项基本原则：

    a. 语言测试的开发者和使用者需要为利益相关者论证考试的合理使用（决策和后果）；

    b. 论证需要依据一个表述清晰、连贯的AUA，从测试表现链接到分数解释和预期用途；

    c. AUA各项主张的论证都需要基于证据；

    d. 所有利益相关者在开发和使用测试过程中需通力合作。

其次，Bachman & Palmer（2010）详细描述了AUA的构成并展示了如何运用AUA论证考试的效度。AUA由四大类主张（claim）构成，每一类主张都需要通过证据的采集和分析来推断其是否成立。通过对这些主张的论证，我们可以从考生在测试任务上的表现推断出考试分数的解释和使用，进而推断出依据分数所作的决策及其产生的后果。其中主张1和主张2与考试反拨效应研究密切相关：主张1是"考试的使用和决策对利益相关者产生有益的后果"；主张2是"依据考试分数进行决策时考虑到了社会价值观和相关法规，所作的决策对受影响的利益相关者是公平的"（Bachman & Palmer 2010：103）。

AUA将决策和后果分为两个不同的主张进行论证。主张1论证的重点是考试使用所产生的预期后果（intended consequence），证据包括"考试分数的使用以及所作的决策"（Bachman & Palmer 2010：105）。Bachman & Palmer（2010）从两个层面分析了考试产生的后果，一是个体层面，主要包括考试对学生和教师产生的影响；二是群体层面，包括考试对教育体系和社会产生的影响。值得一提的是，AUA将考试的非预期用途及其产生的不良后果作为反证（rebuttal）。由于非预期的考试用途可能有很多，即便是高度负责任的考试开发者也无法预见全部状况并采取预防措施，因此，需要有选择地预防或阻止不合理的考试用途。主张2论证的重点是依据考试结果所作的决策，其证据主要来自"对考生能力的阐释"（Bachman & Palmer 2010：111）。Bachman & Palmer（2010）从价值观和公平性两个方面分析了决策时需要考虑的问题，只有当决策合理合法且公平公正时，考试才有可能产生良好的后果。

　　AUA与Kane的IA/IUA都是基于论证的效度框架，两者的最大区别在于AUA将"后果"作为出发点和落脚点，考试设计需要先考虑考试为谁服务以及有何目的，效度论证需要证明考试是否对利益相关者产生有益的后果。因此，AUA非常明确地把重点放在考试的使用和产生的后果上，而不再是测量学理论和考试数据分析，这也是AUA放弃"证实"（validation）而采用"辩护"（justification）这一术语的原因之一（Chalhoub-Deville & O'Sullivan 2020：64-69）。AUA为语言测试的开发和使用提供了一系列有理论基础的、系统的原则和方法；同时，它也为选择、改进、开发语言测试并论证其使用的合理性提供了判断和决策的理据（Bachman & Palmer 2010：30）。至今，语言测试领域已经涌现了一大批基于该框架的实证研究。

2.4.7　效度综合论证模式

　　近二十多年来，问责考试（accountability testing）作为保障教育问责制的有效手段被广泛运用于教育领域（Chalhoub-Deville 2016；Jin 2022a）。在修订1999年出版的第四版《教育与心理测试标准》时，标准修订工作组确立了四个主题，其中之一就是以问责和政策制定为目的的教育考试（Plake & Wise 2014：9）。标准修订工作组重新撰写了"教育考试与测评"与"项目评估和公共政策制定中的考试"两个章节，以更好地阐述问责考试的相关问题。2014年的第五版《教育与心理测试标准》对问责体系的定义是"对学校、教育系统等机构或教师、心理健康咨询工作者等个人实施基于学生表现的奖励或惩罚的制度"（AERA，APA & NCME 2014：215）。

可见，问责考试是高风险考试，可能对个人、机构乃至社会产生重要影响。为此，Chalhoub-Deville & O'Sullivan（2020：146）建议采用"基于论证的考试效度综合论证模式"（integrated argument-based approach）。该模式以社会问题研究为主线，主要用于指导考试政策制定，探索考试在教育和社会层面上所产生的影响。该模式提出效度研究须考虑四个方面的核心论点：1）考试开发论证：设计和开发考试，全程记录质量证据；2）心理测量论证：提供心理测量证据，支持考试分数解释的推论；3）行动理论（theory of action，简称TOA）论证：阐述考试预设用途，推动考试产生良好的反拨效应；4）交流互动论证：制定交流计划，与利益相关者有效地沟通考试开发和效度论证的相关信息。

Chalhoub-Deville & O'Sullivan（2020）指出，TOA论证的核心是考试产生的后果，应在考试开发阶段就做好预期后果的论证方案，包括考试可能产生的近期、中期和长期的影响，以便在考试的日常运行过程中随时采集相关证据。从这一点来看，TOA论证与AUA关于考试使用的主张（主张1）高度一致。与AUA不同之处是TOA论证也必须关注"未预期的考试实践、分数解释、决策和使用"（Chalhoub-Deville & O'Sullivan 2020：152）。问责考试往往与个体或群体的利益相关，因此考试产生的后果，尤其是未预期的不良后果需要得到充分的重视，并在考试开发阶段做好评价此类后果的预案。

2.5　效果驱动的测试理念

传统的语言测试开发以考试细则（specifications）为指导，称为细则驱动的考试(specification-driven testing)(Alderson *et al.* 1995; Weir 1990, 1993)。在考试细则的指引下,考试设计意图易被命题者理解和接受,不同人员所开发的多套试题成为平行试卷,确保考试构念的有效实现以及考试的公平公正。在细则驱动的考试开发流程中,首要任务是确定测试目的和界定考试构念,其次是制定考试细则,最后是开发标准样卷(也称为范型试卷)并实施考试。考试反拨效应研究处于整个流程的末端,当考试正式投入使用之后才开始设计并开展反拨效应研究。

然而,即便是设计完美的考试也可能会给教学带来负面的反拨作用。因此,Fulcher & Davidson(2007)提出效果驱动的考试(effect-driven testing)理念,把考试的良好反拨效应作为指导考试开发的首要原则。Fulcher & Davidson(2007: 51)对"效果驱动的考试"定义如下:"考试对利益相关者产生的影响是考试设计和开发的最终决策依据。"在效果驱动的考试开发流程中,考试开发者首先要明确考试预期的用途和可能产生的反拨效应,然后在预期效果的指引下制定考试细则并开发考试。因此,考试反拨效应研究并非"事后验证",而是在考试设计之初就已经作为效度研究整体计划的一个重要部分(Jin 2022 b)。

为将效果驱动的考试理念付诸实践,Kim & Davidson(2014: 794)建议在考试开发之初先确定"效果的考量"(effect consideration,简称EC),并且要求考试开发者在考试细则中"呈现EC确定的证据并阐述如何积极主动地确保预期效果的实现",如此制定的细则被称为"效果驱动的考试细则"(effect-driven specifications)。Kim & Davidson(2014)指出,效果驱动的考试并非一个全新的理念。Messick(1996)提出,考试应具有"设计效度"(validity by design),以避免"构念代表不足"(construct under-representation)或"构念不相关"(construct irrelevant variance)等设计问题引起的负面后果。Saville(2009, 2010)在构建一个扩展的考试影响研究模型时,提出了"设计影响"(impact by design,也称"预期后果")的概念,并将其引入考试机构的考试规划和日常运作中。Bachman & Palmer

（2010）的测试使用论证框架以考试的后果为出发点，论证考试效度。同样，Alderson *et al.*（2017）展示了如何在考试设计中充分考虑考试的使用和产生的后果，以实现考试的"设计后效"（washback by design）。

2.6　本章小结

在本章中，我们首先回顾了20世纪50年代以来教育和心理测量领域的效度理论发展。然后，本章聚焦语言测试领域，分析了国内外有代表性和影响力的语言测试效度理论框架，并阐述了不同的效度理论对考试反拨效应或后果的理解。最后，本章简要回顾了效果驱动的测试理念，阐述了以反拨效应为导向的考试开发和设计。通过本章的回顾和分析，我们认为语言测试领域已经就效度和反拨效应的关系达成了基本的共识。考试反拨效应是效度的一个重要组成部分，效度研究的主要目的是论证考试分数的使用及其产生的后果，而且在考试开发和设计阶段就应充分考虑考试可能产生的预期后果。

但是，大规模或课堂语言测试对教学和社会产生影响的原因和机制很复杂，而且考试并不一定产生预期的反拨效应，非预期的考试分数使用往往会产生负面的后果。以我国的高考英语为例，英语是高考的主要科目之一，考试成绩影响着千千万万学子接受高等教育的机会，其高风险导致的后果是，高中甚至初中阶段的英语课程出现一定程度的应试教学，如学生在课堂上反复操练高考所考核的知识点、技能或题型，英语口语教学得不到应有的重视。那么，我们应该用什么样的方法和证据来论证考试反拨效应？令学者们困惑或产生分歧的问题是，当语言测试被过度使用甚至误用，并由此引发应试教学、教育公平性或其他社会问题时，语言测试者是否需要承担责任？承担什么样的责任？在后面的章节中，我们将阐述语言测试反拨效应理论以及研究的路径和方法。

第三章

语言测试反拨效应研究框架

从第二章对效度理论的回顾可以看出，效度研究初期关注的是测试设计和内容等方面，之后逐步转向对考试分数解释和使用的论证。随着效度概念的拓展和研究重心的转移，考试与教学的关系以及考试对社会产生的影响愈来愈受到重视。Hughes（1989：2）认为，教学与测试是一种"同伴关系"，两者既相互合作又分工明确，如此才能发挥这种同伴关系的最佳作用。杨学为（2001）强调外部考试要与教学分开，做到教考分离。他将这种教学与考试的关系描述为"既对立又统一的关系"，统一是因为两者同处于一个教育系统和过程，对立是由于两者的职责不同（杨学为 2001：98-103）。杨惠中（2015：2）在《有效测试、有效教学、有效使用》一文中指出，"考试、教学和考试结果的使用，三者构成一个系统，要发挥好系统的作用，三者必须协调。"语言测试反拨效应是一种非常复杂的现象，即便是一项设计意图良好、测试方法得当的考试，如果使用不当，也会给教学和社会带来不良的影响。本章将回顾语言测试反拨效应研究的理论框架，以更好地指导研究，同时为第四至六章的研究方法介绍以及第七至八章的实证研究回顾奠定基础。

3.1 语言测试反拨效应理论概述

考试对教学和社会产生的影响历来受到人们的关注。以我国历史上的科举制度为例，位于上海嘉定的上海科举考试博物馆共有五个板块，第五个板块的主题是"科举与教育"。该板块介绍了具有1300年历史的科举制度对中国古代教育产生的影响，既包括促进教育普及和发展等积极的影响，也包括应试教育的局限性及其产生的消极影响。

在西方，Ballard（1939）已经明确提出，考试使用不当可能对教学产生负面影响。在阅读课上，他设计了一个"连词成句"测验，要求学生在一分钟内将随机排列的一串单词连成有意义的句子。题目难度通过词的难度和句子的长度来控制和调节。该测试形式简单，可以较准确地反映学生的阅读水平及其发展。但是，他很快发现，自己的同事居然用这个小测验的试题训练他们的孩子，希望通过练习来提高孩子们的阅读速度。Ballard（1939：161）指出，这种行为是"公然的考试误用"。

尽管人们长期以来一直关注考试的影响，但是，语言测试领域对考试反拨效应的理论研究历史并不长，经过实践检验的理论模型或框架也不多。基于文献回顾，我们将语言测试反拨效应研究的理论模型分为三大类：1）语言测试反拨效应研究假设和基本框架；2）语言测试反拨效应机制探索；3）语言测试的社会学研究（见表3.1）。

表 3.1　语言测试反拨效应理论的发展

分类	理论模型	代表作品
语言测试反拨效应研究假设和基本框架	反拨效应研究假设	Alderson & Wall（1993）
	反拨效应3P框架	Hughes（1993）
	反拨效应基本模型	Bailey（1996）
	反拨效应概念的拓展	Cheng（1997，1998）；Li（1990）

（待续）

(续表)

分类	理论模型	代表作品
语言测试反拨效应机制探索	反拨效应解释性模型	Cheng（2005）
	反拨效应环境因素模型	Hungerland（2005）；Shih（2007）
	反拨效应综合模型	Green（2007）
语言测试的社会学研究	对Messick效度矩阵的阐释	McNamara & Roever（2006）
	学校政策影响模型	Shih（2010）
	动态系统理论模型	王初明、亓鲁霞（2016）
	行动理论模型	Chalhoub-Deville & O'Sullivan（2020）

　　语言测试反拨效应的系统化研究始于20世纪90年代。当时，语言测试学者提出了语言测试反拨效应的多项假设和基本框架，代表了语言测试反拨效应研究初期的理论。在这一时期，语言测试学者探索的是反拨效应的存在问题。如果存在，它究竟是什么？受分类效度观的影响，基本框架将反拨效应视为相对独立的考试评价维度。研究者聚焦考试对教学和学习的影响并提出了各种假设，所以"反拨效应"这一术语更适合该时期的理论模型。研究者希望通过各方面的实证数据来论证或推翻这些假设，并尝试理解产生反拨效应的机制。随着研究的开展，研究者对反拨效应的理解不断加深，提出了反拨效应的多维性，如方向性、强度、长度、意图等，拓展了反拨效应概念的内涵。

　　在Alderson & Wall（1993）提出反拨效应研究假设十年之后，语言测试研究者开始更深入地思考：考试为何会产生反拨效应？反拨效应的机制是什么？这一时期的反拨效应理论研究聚焦反拨效应的解释和影响因素分析。Cheng（2005）提出了反拨效应解释性模型，分析了与教育环境相关的宏观和微观因素。Hungerland（2005）从学习的视角，提出反拨效应环境因素模型，描述了影响反拨效应的考试相关因素和学习相关因素。Shih（2007）也从学习的视角，提出了一个聚焦学生学习的反拨效应模型。在同一时期，Green（2007）把反拨效应的强度和方向性纳入基本框架，提出了反拨效应综合模型。

近十多年来，随着整体效度理论对考试分数解释和使用的关注及问责考试研究的逐渐深入，研究者不断思考考试的社会学问题，包括教育改革或社会改革对考试政策制定和考试使用的影响。McNamara & Roever（2006）在《语言测试社会学》（*Language Testing: The Social Dimension*）一书中，进一步阐释了 Messick 的效度矩阵，强调了社会环境对考试反拨效应的影响。Shih（2010）从高校学生毕业政策制定的角度，探索了考试对学校政策产生的影响。我国学者王初明、亓鲁霞（2016）借鉴动态系统理论（dynamic systems theory），提出反拨效应是通过社会、各教育部门和教学环节等多重子系统的互动产生的。因此，需将考试置于更大的动态系统中去考察，探究各相关子系统的作用及其联系。Chalhoub-Deville & O'Sullivan（2020）借鉴行动理论，提出对考试使用和预期后果的论证思路以及对非预期后果的处理预案。在 3.2 小节至 3.4 小节中，我们将详细介绍上文所提及的语言测试反拨效应研究的理论框架。

3.2 语言测试反拨效应基本框架

3.2.1 反拨效应研究假设

在 20 世纪 80 年代至 90 年代，人们普遍认为考试对教学和学习产生了负面影响，这是应试教育不可避免的结果。为应对考试的反拨效应，Heyneman（1987：260）给教师指出了三条出路：取代它（用其他评价方式取代考试）、忽略它（采取鸵鸟政策，忽视考试的存在）、用好它（利用考试反拨效应改进教学）（引自 Bailey 1999：1）。与此同时，语言测试学者开展实证研究，深入探索考试反拨效应及其产生的原因。

20世纪90年代初，在传统效度观的影响下，Alderson & Wall（1993：116-117）将效度视为考试自身属性。由于考试反拨效应是一种复杂的现象，社会、教育系统或学校层面的各种因素可能会影响到考试能否产生反拨效应以及反拨效应的性质，因此，考试反拨效应与考试效度不一定直接相关。他们提出关于考试反拨效应的总体假设（washback hypothesis）：考试的实施会促使教师和学生采取一些相应的行动，但若没有考试，他们并不一定会采取这些行动。为验证这一假设，研究者需要在考试及其产生的反拨效应之间建立"因果关系"，否则"反拨效度"就无从谈起。根据这一假设，效度差的考试可能会使教师和学生做一些平时不做的事情，如增强学生学习的动力，这会激励他们在学习上花更多精力等，从而对教学产生良好的反拨效应；而效度好的考试可能会给教师和学生带来压力和紧张情绪，从而导致应试教学。

但是，总体假设仍无法体现考试反拨效应现象的复杂性。因此，Alderson & Wall（1993：120-121）根据文献回顾和他们多年来积累的有关教学和考试的经验，提出15项更为具体、明确的考试反拨效应研究假设：

> a. 考试会对教学产生影响。
>
> b. 考试会对学习产生影响。
>
> c. 考试会影响教师的教学内容；并且
>
> d. 考试会影响教师的教学方法；由第b项引申得到
>
> e. 考试会影响学生的学习内容；
>
> f. 考试会影响学生的学习方法。
>
> g. 考试会影响教师的教学进度和安排；并且
>
> h. 考试会影响学生的学习进度和安排。
>
> i. 考试会影响教师的教学程度和深度；并且
>
> j. 考试会影响学生的学习程度和深度。

k. 考试会影响教师和学生对教学内容和方法等的态度。

l. 有重要后果的考试才会产生反拨效应；反之

m. 没有重要后果的考试不会产生反拨效应。

n. 考试会对所有学生和教师产生影响。

o. 考试会对部分学生和教师产生影响，而对其他学生和教师没有影响。

这15项假设中有6项（第a、c、d、g、i、k项）是关于考试对教学和课程产生的影响，5项（第b、e、f、h、j项）是考试对学习的影响，4项（第l、m、n、o项）是反拨效应与考试重要性的关系及其影响范围。这些假设为语言测试反拨效应的实证研究指明了方向。Alderson & Wall（1993）指出，随着对反拨效应理解的加深，研究者应提出越来越细致的反拨效应假设。但是，这些假设主要回答的问题是反拨效应是否存在，以及它对教和学的哪些方面产生了什么样的影响。因此，针对这些假设开展的研究尚未系统地探索反拨效应的影响因素或机制。Alderson & Wall（1993）意识到这个问题并指出，反拨效应研究必须融合动机（motivation）和行为表现（performance）的相关研究成果，还需要深入教学一线开展课堂观察，采集多样化的数据进行三角互证。只有这样才有可能理解并阐释反拨效应产生的直接或间接原因。

3.2.2 反拨效应 3P 框架

Hughes（1989：1）将考试的反拨效应定义为"考试对教学和学习产生的影响"。他认为一项设计良好的考试可以带来有益的反拨效应。Hughes（1989：44-47）根据自己长期积累的教师培训和考试设计经验，提出确保语言测试产生良好反拨效应的一系列建议：

a. 考核希望学生提升的能力。

b. 广泛且无规律地采样。

c. 使用直接测试的方式。

d. 采用标准参照的考试。

e. 依据目标设计学业考试。

f. 确保教师和学生知晓并理解考试。

g. 给教师提供必要的帮助。

h. 控制考试各方面的成本。

为了更好地描述反拨效应现象，Hughes（1993）提出反拨效应3P框架，从教学活动参与者（participant）、过程（process）和成果（product）三方面描述和分析考试对教学产生的影响。"参与者"包括学生、教师、行政管理人员、材料编写者、出版者等；"过程"指的是参与者为促进学习而采取的所有行动，如资料编写、大纲设计、教学方式或内容修订、学习策略、考试策略等；"成果"指通过学习获得的知识、技能以及流利度等质量指标。该框架为反拨效应研究提供了一个基本的模式。基于Hughes（1993），考试的性质和设计对参与者的教学观点和态度产生影响，参与者观点和态度的变化反作用于其教学和学习行为，例如针对考试试题进行操练，最后，这些行为对学习的成果产生影响。

3.2.3 反拨效应基本模型

基于Alderson & Wall（1993）的反拨效应研究假设和Hughes（1993）的反拨效应3P框架，Bailey（1996：264）提出了反拨效应基本模型。她回顾了语言测试反拨效应的概念，探讨了交际语言能力测试的反拨效应。她指出，考试设计者应该把良好的反拨效应作为交际语言能力测试的主要目标，这也是交际语言能力测试与传统语言考试的主要差异（Bailey 1996：261）。她从学习者和语言教学项目两个方面，阐述了考试利益相关者（参与者）如何通过参与相关活动（过程）获得教学和学习成果（成果）。

从考试对学生的影响来看，Bailey(1996: 264-265)举例说明了Alderson & Wall(1993)提出的五项有关考试对学习产生影响的假设。她指出，可能给学习带来正面或负面反拨效应的"过程"包括(但不限于)以下活动或行为：操练与考试题型相似的题目；学习词汇和语法规则；参与交互性语言活动(如用目标语进行对话)；用目标语进行广泛的阅读；收听非交互性的语言节目(如电台、电视等)；运用考试策略；参加考前培训课程；寻求学习上的帮助以及教师对学生表现的反馈；参与、要求或申请额外的(未安排的)考试辅导班或教程(作为其他语言课程的补充或替代)；为准备考试而逃避语言课。

从考试对语言教学项目的影响来看，Alderson & Wall(1993)提出了六项关于考试对语言教学和课程产生影响的假设，涉及的"参与者"包括教师、行政管理人员、教学辅导员、课程开发者等。Shohamy(1992)则阐述了可能给语言教学项目带来负面影响的一些"过程"：依赖考试来改变教学；重点关注学生的水平而不是如何提高水平(如作为学习过程的课堂教学)；考试被视为权威工具，用来进行自上而下的判断、规定或命令；从事教学改革的人(即教师)并没有参与考试的开发；考试未提供细致、具体的信息，也未包含有意义的、补救性的反馈和诊断信息。为防止考试产生这些负面影响，Shohamy(1992)提出六项原则，强调了考试与课程之间的关联性(引自Bailey 1996: 266-267)：

a. 学业与水平：在语言学习过程中，学校所学(学业)并非都是现实中所需(水平)。

b. 诊断信息：考试须提供细致、创新、相关且具有诊断性的信息，须报告不同的维度，而不只是给一个总分，这样的考试信息才能被有效运用。

c. 连接教学和学习：根据考试所提供的反馈来改变教学系统。

d. 变革主体的参与：如果考试能给教学带来正面的影响，变革的主体(教师和教学管理人员)必须参与到考试工作中去，因为他们才是变革的实施者。

e. 比较信息的需求：理想的考试应该既是常模参照又是标准参照，这样才能基于考试结果将该项目取得的成就与其他项目的成就进行比较，并判断该项目自设目标的达成度。

f. 交际测试的需求：理想的考试应反映当代语言理论，包括文本功能、语体风格和一系列社会文化规则。而且，这样的考试应聚焦真实的语言环境和任务并采用直接的测试方式。

Bailey(1996：276-277)进一步探讨了如何推动考试产生有益的反拨效应。她指出，有助于考试产生良好反拨效应的方法包括：学生的长远学习目标与近期考试目标要保持一致；采用具有真实性的测试任务，并且确保构念的代表性和相关性；采用自我评价，提高学生的学习自主性和参与度；提供细致的考试分数报告。最后，她总结了推动考试产生良好反拨效应的重要观点和方法，指出了反拨效应研究需要重点考虑的一些问题：

a. 参与者是否明白考试的目的和预期的考试用途？

b. 考试结果是否表述清晰、信息充实并且反馈及时？

c. 参与者是否认为考试结果可信和公平？

d. 考试是否考核了教学项目所教的内容？

e. 考试是否有明确的测量总体目标和具体目的？

f. 考试设计是否依据了当前本领域普遍认同的理论原则？

g. 考试是否采用了具有真实性的文本和任务？

h. 参与者是否共同参与了测评的所有过程？

Bailey(1996)提出的反拨效应基本模型展现了教学和考试活动中参

与者、过程和成果之间的关联，展示了反拨效应的复杂性。在整个教学和考试过程中，各种因素交互作用，对教学、学习和考试产生各种各样的影响。该模型对考试反拨效应的研究既有宏观的指导意义，又有微观的实操性。

3.2.4 反拨效应概念的拓展

考试对教学产生的影响是双向的，既可能是正面的导向或推动作用，也可能是负面的阻碍或妨碍作用；某些考试的正面影响大于负面影响，而某些考试的负面影响大于正面影响。随着研究的深入，学者们发现反拨效应是一种具有多个维度的复杂现象。Watanabe（1997）归纳了五个反拨效应维度：1）特定性（specificity）：考试的普遍效应或某考试的特有效应；2）强度（intensity）：考试对教学某些方面的影响程度；3）长度（length）：反拨效应延续时间；4）意图（intentionality）：期望或非期望的反拨效应；5）价值（value）：考试产生的正面或负面影响。反拨效应性质和特征分析是对早期反拨效应理论的重要发展和补充，丰富了反拨效应的内涵，加深了人们对反拨效应的理解。本节着重介绍两个方面的重要拓展：一是内在和外在反拨效应，二是反拨效应强度。

20世纪80年代末，Li（1990）对我国高考英语科目的反拨效应展开了研究。当时，高考报名人数是每年300万，因此，高考已经成为我国风险程度最高的一个大规模考试项目。通过分析高考英语改革对教学产生的影响，她发现高考英语的反拨作用主要体现在考试对教材和课堂教学内容的影响上，教学重点逐步从语言知识向语言的实际运用能力转变。而且，高考英语的实施和改革极大地提升了学生课外学习英语的积极性和兴趣。Li（1990）提出了"内在效应"（intrinsic power）和"外在效应"（extrinsic power）的概念。她认为，一方面，考试的内容、题型、评分标准、分数报告等对教学产生直接的影响。有效的考试可以为教学提供有效的反馈，从而对教学产生有益的影响，这种反拨作用被称为内在效应。另一方面，考试的规模或权威性也会对教学产生影响。尽管这种影响与考试设计无关，但往往会给教师、教学管理者和学生带来压力和焦虑情绪，甚至导致应试教学，这种反拨作用被称为外在效应。她强调，我们应充分利用考试的内在效应，同时调控考试的外在效应，只有这样才能真正发挥考试对教学的正面导向作用。

Cheng（1997）在香港中学会考（Hong Kong Certificate of Education Examination，简称HKCEE）英语考试反拨效应实证研究中首次提出"反拨效应强度"（washback intensity）的概念。她对"反拨效应强度"的定义是"考试对教学的某一方面或某几个方面产生的影响程度"（Cheng 1997：43）。Cheng（1998）从考试对教学的方方面面产生的影响及其机制展开了全面的探索，并进一步阐释反拨效应强度的概念。研究发现，考试的实施推动了宏观层面的教学改革，课程标准、教材编写等都与考试改革保持高度同步，形成了良好的互动环境。学校和教师也对考试改革持积极的支持态度。教师表达了改进教学方法的意愿，如采用技能综合、基于任务的教学法以及真实交际语境中的交际任务等，这些正是考试改革希望产生的反拨效应。而且，HKCEE考试大纲发布之后，几乎所有中学都换了教材，采用与考试要求相匹配的新编教材。因此，教学内容受到考试反拨作用影响的程度最高，即反拨效应最强。但是，从实际教学来看，考试带来的更多是表面上的态度或行为改变，尚未对教师的教学理念和观点产生根本性的影响。

3.3　语言测试反拨效应的机制探索

3.3.1　反拨效应解释性模型

反拨效应研究假设、反拨效应3P模型和反拨效应基本模型对早期的反拨效应研究产生了重要影响。反拨效应研究的最大挑战是明确反拨效应产生的机制，即如何将考试所带来的变化归因到某些具体的因素。从效度理论来看，考试的构念效度对反拨作用产生重要影响。Messick（1996）提出"设计效度"的概念，认为考试的设计决定了其构念的代表性和相关性。但是，设计科学、效度良好的考试并不能确保产生正面的反拨作用。Messick（1996：242）指出，"一项差的考试可能会产生正面的反拨效应，而一项好的考试也可能会产生负面的反拨效应，这是由教育体系中的其他因素造成的。"因此，对反拨效应的举证必须关注教育体系的各个环节和相关要素，其中最主要的是与课程、教学和学习相关的环境因素，包括课程标准、教学管理、教师的观点和态度、教学法、教材、学生的观点和态度、学习动机、学习策略等。

Cheng（2005：57）提出反拨效应解释性模型（explanatory model of washback），从三个层面探索反拨效应的复杂现象和机制。第一层是宏观层面的教学和考试决策者，切入点是课程标准和考试大纲，需回答的问题是：1）课程标准和考试大纲的适用性如何？2）考试大纲所蕴含的教学理念能否体现在教学任务中？第二层是宏观层面的教材出版机构和教师培训者，切入点是教学干预，需要调查的是教材、教学方法和教学理念以及三者之间的相互影响，特别值得探索的是反拨效应强度，需回答的问题是：1）教师如何在教学中体现考试大纲和教材所蕴含的教学理念？2）教师如何根据这些理念来安排教学活动？第三层是微观层面的教学实践者，包括学校校长、教学管理人员、教师和学生，切入点是课堂教学活动，需回答的问题是：考试改革后，课堂中的教学活动是如何进行的？

基于该解释性模型，Cheng（2005）开展了大量实证研究，并构建了一个更契合中国香港特别行政区教育环境的反拨效应模型。该模型从"参与者""过程"和"成果"三个方面探索考试的反拨效应，并将反拨效应的利益相关群体分为三个层面：决策层、干预层和学校层。研究者应从教育体系中的宏观和微观层面的各个利益相关群体出发，分析他们的观点、态度和行为，全面阐释考试对教学产生的反拨效应及其机制。Cheng（2005：243）指出，HKCEE的反拨效应研究对"成果"的界定与Hughes（1993）提出的概念不同。该研究探索了教师和学生的态度变化、新编或改编的教材、教学方法和课堂教学活动等过程中发生的变化，这些既可以视为"过程"，也可视为考试改革带来的"成果"。

3.3.2 反拨效应环境因素模型

Watanabe（2004：21-22）指出，"反拨效应研究较多关注考试对语言教学项目产生的影响，相对而言，聚焦学习者的反拨效应研究未得到足够重视，这可能因为学生样本数据采集比较困难"。学生既是测评的对象，也是测评活动的重要参与者，他们对测评的看法、态度和参与度直接影响到测评的效果。

Hungerland（2005：101）采用扎根理论，通过对学习者的跟踪观察和访谈，开展了加拿大学术英语考试（Canadian Academic English Language Assessment，简称CAEL）反拨效应研究，并从学习的视角提出了反拨效应环境因素模型（contextual washback model）。该模型描述了两类反拨效应的影响因素：1）考试相关因素，包括考试自身的特征（如题型、难度），学习者对考试的了解程度、看法和态度，学习者的备考练习和所用的复习资料，备考练习与实考的相似度等；2）学习相关因素，包括学生对英语学习的看法、考试对学习目标达成的重要性、学生对学习环境的看法、课内和课外的备考、教师在备考中的作用、父母期望、情感因素、考试结果、对考试公平性的评判等。

与Hungerland（2005）相似，Shih（2007）探索了中国台湾地区英语能力分级检定测验（General English Proficiency Test，简称GEPT）反拨效应。该研究的研究对象是A和B两所技术学院，其中A校将GEPT作为学生毕业的要求之一，B校则没有这一要求。通过访谈学生、教师、系主任及学生家属以及课堂观察，Shih发现GEPT在一定程度上对A校学生的学习产生了反拨作用。Shih（2007：151）提出了一个聚焦学生学习的反拨效应模型（washback model of students' learning），从外在因素、内在因素和考试因素三方面阐释考试对学生学习产生的反拨效应。其中，外在因素包括社会经济发展、学校和教育体系、亲朋好友以及学生个体因素；内在因素包括学生个体间差异、个性特征以及对考试的看法；考试因素包括考试目的、风险程度、重要性、难度、内容、结构、题型等。这些因素相互作用，共同对学生的学习内容、时间、策略、动机和焦虑等方面产生影响。

3.3.3　反拨效应综合模型

Green（2007：24）提出反拨效应综合模型，把反拨效应的强度和方向性纳入了基本框架。首先，该模型认为考试的反拨作用来自测试的核心构念（focal construct）与测试特征（test characteristics）之间的重合，重合部分越多，产生正面导向作用的可能性就越大。此解释的理论基础是反拨作用的"设计后效"，即考试的设计决定了其是否能够产生良好的反拨效应。如果考试采用真实、直接的测试（authentic, direct testing），而且考试的测试题型、测试内容、任务复杂度等能够最大程度地体现所需测试的构念，教师和学生也能够充分理解测试的构念，那么考试产生正面反拨作用的可能性则更大。

其次，该模型提出了影响反拨效应的两个因素："考试风险"（test stakes）和"考生特征及价值观"（participant characteristics and values）。考试的用途和考生对考试重要性的看法决定了考试的风险程度，而风险程度会影响考生的备考行为和策略，从而对教学产生正面或负面的反拨作用。考试的用途和考生对考试重要性的看法以及考试的难度决定了反拨作用的强度。当考生对考试的看法是：1）考试成绩比目标语境中的语言能力提升更重要；2）尽管在考试中取得好成绩有一定难度，但是经过备考还是有希望获得成功的；而且教学环境中的其他学生也有同样的看法；那么考试会对教学产生最强烈的反拨作用。

Green（2007）强调，考试经常被用来推动教育改革和发展，但是，除了考试风险和考生特征及价值观，考试的反拨作用还受到教育体系中许多其他因素的影响。例如，教师对考试目的和用途的理解、教师对考试的态度、教师对考试要求和策略的了解、教师教学信念等都会影响教师对教学改革的态度和教学行为，从而进一步影响学生对考试的态度和学生的备考行为，导致考试对教学产生不同的反拨作用。而且，教育改革是一个复杂的系统工程，利益相关者还包括课程设计者、教材编写者、教材出版机构等，这些群体对考试的看法和态度也会对教育改革产生重要影响。更为复杂的是，课程设计、师资培训、教学资源都是教育改革成功与否的关键因素，都会对教育改革的成败产生重要影响。因此，该模型的主要意图是聚焦由考试的设计、实施和使用带来的教学反拨效应，将考试的反拨作用从影响教育改革成败的众多其他因素中剥离出来。

3.4 语言测试的社会学研究

语言测试的开发和使用对语言教育产生了重要影响。在Alderson & Wall（1993）提出15项假设之后，考试反拨效应研究得到迅速发展。Cheng *et al.*（2004）回顾了语言测试反拨效应的概念和研究方法，并呈现了北美、欧洲、澳大利亚、亚洲等地区开展的反拨效应研究。随着语言测试的结果被用于升学、移民等高风险决策，大规模语言测试的风险不断增加。高风险考试涉及多方利益相关群体，对社会的诸多方面产生广泛、深刻的影响。语言测试领域的相关期刊出版了多期专刊，探讨语言测试的使用和反拨效应问题。

1996年，《语言测试》期刊发表了六篇关于考试反拨效应研究的论文（Alderson & Wall 1996）；2004年，《语言测评季刊》期刊出版了专刊，探讨语言测试领域的道德规范（Davies 2004）；2008年，《语言测试》期刊再次聚焦语言测试反拨效应，刊登了八篇关于亚洲国家高风险语言测试的论文（Ross 2008）。2020年，Chapelle 为《语言测试》期刊编撰了首期虚拟专刊，主题是"语言测试的使用和后果"（Chapelle 2020）。该专刊依据 Messick（1989）提出的考试社会功能分析了考试产生的影响：考试在教学中的激励作用（energizing effect），考试对课程标准实施的促进作用（curriculum enhancement function），考试在教育问责制中的作用（accountability function），考试对教学项目中存在的问题发出信号的作用（signaling function），考试在升学或入学等社会流动性相关决策中的作用（social mobility function）。在"编者按"中，Chapelle（2020：645）指出，"对于语言测试的影响与效度是否合为一体这一问题，研究者仍有不同看法⋯⋯但是，考试影响是语言测试的一个重要研究方向，这一点无可争辩。"下文将从社会学研究的视角介绍语言测试社会影响研究的理论框架。

3.4.1　语言测试的社会影响

在《语言测试社会学》一书中，McNamara & Roever（2006）引介了 Akiyama（2004）的博士论文研究。该研究探索了日本高中入学英语口语考试改革失败的原因，展示了文化因素和社会价值观对考试改革的影响。为了更深入地探讨考试产生的社会影响，McNamara & Roever（2006）引用 Messick（1989）的整体效度观，并对其提出的效度矩阵作了进一步阐释，强调了社会环境对考试分数含义及其使用所带来的重要影响（见表3.2）。

表 3.2　对 Messick 效度矩阵的阐释（译自 McNamara & Roever 2006：14）

	考试分数代表的意义	当考试被投入实际使用时
用证据支撑主张：考试公平性	A. 当我们通过考试表现评价考生时，需要什么理据和事实证据来支撑我们所作的评价？	B. 在不同的社会环境下，对考试分数所作的解释是否有意义且公平？
考试的显性社会环境	C. 考试构念以及考试的分数解释体现了什么样的社会和文化价值及假设？	D. 当考试被投入实际使用后，对教育体系和社会会产生什么样的影响？

　　整体效度观把考试产生的社会影响视为效度的一个重要组成部分。基于 Messick 效度矩阵，McNamara & Roever（2006）指出，效度既是对考试公平性的论证，也是对考试社会影响的论证。在效度研究中，首先，研究者通过理据和事实证据来论证考试分数代表的意义（单元格 A）；其次，用事实论证在不同的社会环境下，考试的分数解释是有意义且公平的（单元格 B）；然后，考试分数具有社会属性，体现考试所代表的社会和文化价值（单元格 C）；最后，考试的实际使用会对教育体系乃至整个社会的许多方面产生影响（单元格 D）。McNamara & Roever（2006）的阐释使我们对整体效度理论有了更清晰的认识，也凸显了考试的社会性。不过，在教育测量领域，并非所有学者都认同整体效度观（Crocker 1997）。反对者认为，效度矩阵无法解释考试公平性（单元格 A 和单元格 B）与考试社会影响（单元格 C 和单元格 D）两个层面之间的关系，整体效度观也未解析效度论证的过程和步骤，即如何把事实层面的效度证据（evidential basis）与后果层面的效度证据（consequential basis）整合起来，形成一个完整的效度论证方案。

　　McNamara & Roever（2006：36）对反拨效应和考试影响作了区分：前者是考试对教学产生的影响，后者指考试在更广泛意义上对教育和社会产生的影响，两者统称为考试后果层面的效度推论（consequential inference）。Kane（2002）将考试后果推论称为"政策推论"（policy-related inference）。该推论是效度论证中的一个重要推论，使考试对教育体系和社会产生的影响在效度研究中得到充分重视。即便如此，持批判语言测试观（critical language testing）的学者（如Shohamy 1998，2001）认为，效度论证的思维方式无法帮助我们探索考试对身份认同、移民政策、权势关系等方面产生的社会影响，也就是"后果推论"或"政策推论"的思路依然把复杂问题简单化了。

3.4.2 学校政策影响模型

语言测试反拨效应研究主要关注考试对教学和学习的影响，较少通过实证研究来探索社会或教育环境对考试的影响或考试对教育改革政策的影响。Shih（2010）开展了考试社会学的实证研究，从大学生毕业政策制定的角度，探索了考试对学校政策产生的影响。该研究以中国台湾地区两所地方高校为研究对象，其中一所将GEPT听力和阅读中级考试作为毕业要求，另一所则没有规定类似的毕业要求。通过对相关政策文件的分析以及对外语系主任和教师的访谈，该研究发现，考试与学校政策之间的关系复杂，受到三类因素的影响。Shih（2010）将这些因素总结为考试对学校政策的影响模型（见图3.1）。

根据Shih（2010）提出的模型，语言能力考试对学校政策的影响受到社会和教育环境因素、学校因素以及家长和学生因素等多方面的影响。第一，社会和教育环境因素，包括政府法律、项目评估、就业市场、校际竞争、学校其他政策、考试机构利益等。学院或学校对学生的英语能力要求不能有悖于政府层面的政策或学校的其他政策。第二，学校因素，如英语能力要求还需考虑是否会对教育行政机构开展的学院教学项目评估产生影响，是否得到学院和教职员工的支持。第三，家长和学生因素，包括家长和学生对政策的反应以及政策可能对学生英语水平、经济负担、学习动力、毕业、就业等产生的影响。

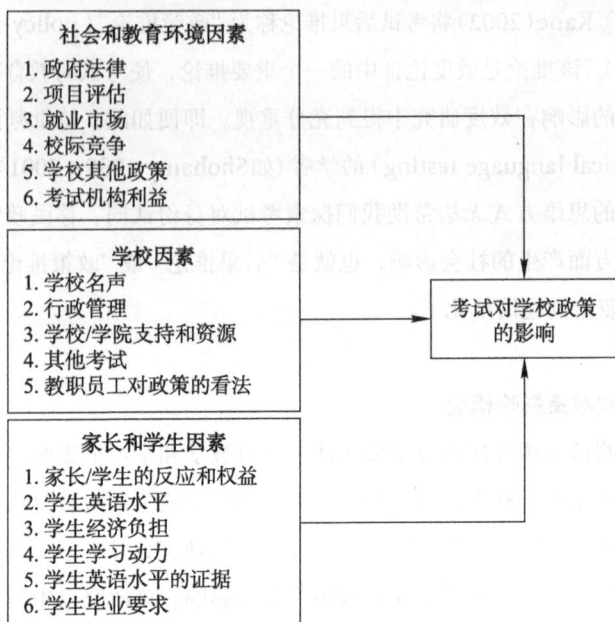

图 3.1 　考试对学校政策的影响模型（译自 Shih 2010：249）

3.4.3 　动态系统理论模型

　　自20世纪90年代以来，反拨效应领域开展了大量的实证研究，取得了显著进展，但是仍存在很大的提升空间。王初明、亓鲁霞（2016：36）指出，反拨效应研究"倾向于简化问题，试图建立考试与教学两者之间的直接因果关系，而将其他因素视为干扰，另行描述。这样的研究结果往往难以充分解释反拨效应的复杂表现，面对包括应试在内的负面反拨效应，未能提供有效的应对之策。"为此，他们提议借鉴社会学、教育学、心理学、第二语言学习研究中的动态系统理论，阐释语言测试反拨效应的产生机制，为反拨效应研究提供新的思路和方法。

　　首先，王初明、亓鲁霞（2016）强调了动态系统的复杂性、开放性和动态性。动态系统内部结构复杂，系统中嵌套着子系统，子系统又包含下一层级的子系统，既层层嵌套又相互关联，系统的要素和子系统交互连接，相互依存。同时，系统内部各要素与各子系统之间相互作用，且与外部因素发生交互，以获得更大的发展动力。而且，在动态系统的演变过程中，促变因素与结果之间通常是非线性关系，输入与输出往往不成正比，具有非线性因果关系的特征。由于系统各要素之间、系统与环境之间存在交互作用，动态系统还具有不确定性和不可预测性。其次，王初明、亓鲁霞（2016：36-37）论证了动态系统理论应用于反拨效应研究的合理性和必要性。他们提出了反拨效应研究的两项重要原则。第一，从整体着眼，探究系统各部分或各变量之间的互动关系以及由此产生的格局。第二，描述系统的相互适应性，即系统各部分之间的双向联系，甚至多向联系，这是因为系统各部分以及系统与环境交互关联，互为因果。

王初明、亓鲁霞（2016：37）指出，从动态系统理论的角度看，反拨效应"不由考试单独引发，而由社会、各教育部门和教学环节等多重子系统互动产生，考试仅为反拨效应的源头。"因此，他们认为不应狭隘地强调考试的主导作用，也不应将反拨效应研究局限于考试、教学和学习，更不应把考试与教学的关系视为简单的线性因果关系。反拨效应研究应将考试放入社会和教育系统，从动态系统理论的视角阐释促成反拨效应的非考试因素，把考试置于其所处的社会或教育环境中去考察，探索子系统之间的关系、系统内部要素与外部环境之间的相互作用。唯有如此，才能改变传统研究思维，更全面地理解反拨效应的机制。

3.4.4　行动理论模型

尽管考试反拨效应已经得到学界承认，但是考试反拨效应研究往往游离在效度框架之外，并没有真正被当作效度的一个重要组成部分。为了将考试反拨效应更好地纳入效度框架，Chalhoub-Deville & O'Sullivan（2020）提出了效度论证综合框架。该框架从考试开发、分数解释、行动理论、沟通参与四个方面全面论证考试效度，其中与考试反拨效应最直接相关的是TOA论证。

根据该框架，考试开发者自项目启动时就需要明确提出考试的预期目标，即通过考试的实施来实现的目标或产生的反拨效应，包括短期、中期和长期目标，并在TOA指导下，分析考试环境（包括社会和政治环境）、受考试影响的主要利益相关者等，进而制定实现预期目标的行动计划和应对非预期后果的应急计划。TOA论证还需要考虑考试反拨效应研究的责任分配，包括考试开发者和考试使用者应承担的责任，即通过协商共同承担考试反拨效应论证的责任。此外，TOA论证要求把考试影响研究融入考试的日常运行，视为考试项目的一部分，而不是附加在考试项目之外的额外工作。而且，TOA论证强调对非预期影响的调查，特别是非预期的负面效应，并且要做好预案。

不过，TOA在考试影响研究中的应用仍有待进一步探索。Cizek（2020）指出，TOA的一个重要假设是考试的使用与它所产生的影响之间有必然的因果关系，但是在现实中，产生考试影响的因素纷繁复杂，这种因果关系很难得到有力的证据支撑，还需要通过更多的实证研究来进一步论证TOA对考试影响研究的适用性。

3.5 本章小结

语言测试反拨效应和社会影响研究是极富挑战性的研究领域，既有与考试设计、实施和分数解释等相关的学术问题，也涉及考试分数使用带来的非学术层面的问题。本章回顾了20世纪90年代以来语言测试领域提出的考试反拨效应研究理论，分析了三大类理论框架。通过对各个时期主要理论框架的分析，我们发现，语言测试反拨效应的概念不断丰富，研究不断深入，范畴不断拓展。从考试对教学和学习产生的反拨作用到考试对教育体系或社会产生的影响，从考试自身的因素到非考试的影响因素，从整体效度理论到动态系统理论再到行动理论，整个发展过程充分说明了语言测试反拨效应和影响的多维性、动态性和复杂性，以及开展相关研究任务的艰巨性。

第四章 反拨效应定性研究方法

关于通用的研究方法，虽然市面上不乏优秀、全面的作品，但本书聚焦反拨效应，是基于以往反拨效应研究的延续和发展，对方法论的梳理是本领域阶段性反思的需要，也是本领域进一步优化的保证。此外，脱离研究目标谈方法论远不如结合学科需求的讲解。接下来的三章将探讨反拨效应适用的方法论和应用现状。对于接下来几章的安排，我们作出以下三点说明。

第一，方法论本身并无统一的归类标准，本书的归类仅基于业界习惯。反拨效应研究方法很灵活，实际研究也越来越倾向跨学科借鉴以及综合运用各种研究方法。不过有效的融合必须基于对不同方法论的准确理解，包括它们各自的历史渊源、优势与不足。为了避免创造新名词，便于读者溯源或者拓展阅读，本书遵循常见的归类来讲解定性、定量和混合研究范式。但我们建议读者不要跳读，因为这几个章节并不是孤立存在，而是基于不同范式下的可能话题，各有侧重但层层递进地讲解。此外，不同的出版物、学科或者学术组织有不同的方法论术语，这增加了沟通和借鉴的障碍。因此，本书将溯源多个名词，将其合并归类，以推动融会贯通的理解和跨学科交叉借鉴。我们的目的是辅助一线教学工作者和测评工作者研究具体问题。对于经典理论和较艰深的方法论话题，我们大多仅作简要点评，但推荐了精心筛选过的参考文献。

第二，反拨效应研究方法与其他领域的研究方法既有相同之处，也有不同侧重。在前面几章，我们已经阐述过反拨效应影响的不同层面，区分了不同风险程度的测试，如大规模测试和课堂测试。基于它们的影响广度和深度，反拨效应研究的内容和方法也不尽相同。比如答题行为和表现涉及教育学和心理学话题，能力得分和评估涉及教育测量和心理测评技术，结果汇报和使用则涉及社会学和行为科学话题。反拨效应研究需要从这些角度来评估关键因素的影响，也需要结合这几个相关领域的方法论共识，因此本书的方法论定义来自教育学、心理学和社会学，且都参考了相关领域多版印刷的经典教材。我们也参考了国内外语言学、语言测试和语言教学领域的实践方法和读物。

第三，本书的目标读者是知悉基础术语的初、中级研究者。接下来的三章虽然归纳了常见范式的核心要素，但侧重其应用价值和注意事项。我们基于以往常被问及的话题和各类研究实践中的观察，在各章各环节嵌入我们对于相关问题的理解和建议，希望能为语言测试反拨效应研究的发展减少一些障碍，避免一些研究方法上的误区。

本书的第四至六章将依次从定性（qualitative）、定量（quantitative）和混合研究（mixed methods）的角度介绍适宜反拨效应研究的方法。

4.1 定性研究的定义与特点

早期研究方法中常有定性与定量的二分法。这种分类可能源自伽利略和牛顿等的影响（Brinkmann *et al.* 2020）。他们强调数学是自然的基础，客观世界不过是物质运动，暗示量化与科学的关系紧密，感知则与主观判断更为相关。17世纪的形而上学思想家，如笛卡尔、洛克和休谟，进一步将主观感受归为第二性的品质。这些观点至今仍让部分质性研究者自觉不够"科学"而惴惴不安。

然而，Brinkmann *et al.*（2020）分析了知识网（Web of Knowledge）及科学引文索引扩展（Science Citation Index Expanded）数据库，发现"定性"一词是从1900年才开始频繁出现在科研文献中，而且是在自然科学领域，尤其是化学学科中最早得到广泛使用。这个词在早期与自然科学密不可分，很久之后才出现在社会科学领域。一些学科，比如心理学，虽然追随物理学科，长期重视量化表达，然而其奠基性的经典作品，如弗洛伊德的精神分析理论、马斯洛的需求层级理论以及科尔伯格的道德认知发展理论等，却都是由当时颇有创意的定性方法成就的。

定性研究（qualitative research）方法的历史起起伏伏。不过由于它们在认识和解释复杂现象上有很大价值，因此在20世纪60年代开始重新获得重视，成为科学研究中不可或缺的一环（Jovanović 2011）。关于这些研究范式的发展历史，可以参阅Michell（2003）、Johnson & Onwuegbuzie（2004）、Brinkmann（2017）、Howitt（2019）等的著述。在此一言以概之：定性研究方法和定量研究方法一样，都是科学的方法；科学不等于自然学科。定性研究方法是语言测试反拨效应研究中合理的、基本的方法。

在中文文献中，定性研究亦称为质性研究（杨鲁新等 2013；杨延宁 2014）。定性研究的最大特点是深入探索具体情境下的多种因素，多角度描绘复杂现象和行为，从而更全面、更准确地分析和解读问题与现象。其中的细节描述和分析是解释现象的手段（Thirsk & Clark 2017），是确定因果关系的必要环节（Kleinberg 2015），也是大数据、算法等技术手段发挥正确作用的重要保证（Grigoropoulou & Small 2022）。

反拨效应研究涉及教育学、心理学和社会学的话题及方法，表4.1选取了这些学科对于质性研究的代表性定义和解释。

表 4.1　定性研究的定义

学科	代表性文献	定义或特征
教育学	Creswell & Creswell（2018）	"一种用来探索和理解个人或者群体赋予某个社会问题或人文问题意义的研究方法。这类研究问题和研究步骤一般在过程中逐步清晰。研究者往往在参与者所处环境中收集数据，通过分析具体数据归纳出通用的主题，然后解读数据包含的意义。最终的书面报告结构灵活。采用这种探究方法的学者们赞同归纳式研究，关注个体意义，强调汇报复杂情境的重要性。"（p.41）
社会学	Leavy（2017）	"定性研究的特征是通过归纳法来形成新知，产生意义（Leavy 2014）。研究者用这种方式来探索、研究并了解社会现象，解密人们对活动、场景、时间或者赋予物品的意义，或深入理解社会生活的某个方面（Leavy 2014）。定性研究的底层价值在于强调人们主观经验的重要性和意义构建的过程，旨在获取深度的理解（即深入挖掘小样本中的细微信息）。如果你的主要目的是探索、描述或解释，那么定性研究通常都适用。"（p.9）
心理学	Howitt（2019）	"定性研究不是一种单一的方法，研究的目标和认识论基础可以不同，关注的侧重点可能各异，取决于是心理学还是其他社会科学，其根基背景更可能有天壤之别……定性研究无法用某一个特征来定义。它有很多特征。不是所有的特征一定会出现在每一种定性方法中，但不同方法的内在特征间存在大幅度重合。"（p.7） Howitt重申了Denzin & Lincoln（2000）提出的五大定性研究特征： 1.注重丰富的描写。 2.刻画个体视角。 3.拒绝实证主义，采用后现代视角。 4.坚持后现代的敏感性。 5.研究日常生活带来的局限性。

这些代表性定义清楚地表达了定性研究的关键特征，即复杂性、情景化、探索性、主观性和归纳式逻辑。无论哪种定性研究，对于细节的介绍往往比较全面，描述角度丰富，研究目的多样，包括描述、解释、批判等。研究的记录和结果评估都有明显的主观性。主观性固然可能带来偏见，但人的思想本身就是个体经历和经验的产物，研究者在该话题上的专业"偏见"和解释恰恰就体现了质性研究的价值。不过，研究结论依然需要基于效度论证。定性研究的效度来自合理的研究设计、高质量的研究要素，以及基于各类要素的解读和定论论证的过程。

4.2 定性研究方法的类别与要素

虽然定性研究的构成和结论通常不像定量研究那么固定、可预测，有些研究起步时的目标也很模糊，但定性研究依然有鲜明的类别和对应的要素。很多方法论教材都是笼统地归纳定性研究的类别与要素，但Howitt（2019）认为，定性研究的类别与要素应该分为两个阶段来考虑：设计与分析。一项研究可以用定性的方式收集数据，比如访谈与观察；也完全可以用定量的方式来分析，比如对关键词和关键行为进行频次归纳与降维分析等。因此，定性研究的设计与分析虽有关联，但具体措施和术语各成体系。

4.2.1 定性研究设计

4.2.1.1 常见设计类型

定性研究设计（qualitative research design）亦称定性研究类型（qualitative research genre）（Leavy 2017），它有多种分类方式。比如可以将其分为解释/建构类与批判类，前者关注意义的建构和重构，后者关注社会生活中的权力影响。在语言测试领域，前者的研究话题可以是"教师如何看待分班考试的效用"，后者可以是"谁有权决定考试的形式与内容"。

根据研究对象的不同，定性研究设计可以分为对于现象的研究和对于人的研究，前者如从全球招募英语母语者来开展一对一在线口语陪练的流行趋势，后者如探讨某个企业家的形象变化。本书选择介绍四种与反拨效应关系密切的定性研究设计：人种志（ethnography）、扎根理论（grounded theory）、个案研究（case study）和行动研究（action research）。前两种一般用于大范围的模式研究，后两种一般用于小样本的特色研究。人种志和扎根理论偏理论发展，个案研究和行动研究则偏应用实践。

（一）人种志

人种志从词源学上可以分为ethno（人）和graphy（写）两个部分（Jones 2010）。国内也译为"民族志"（杨延宁 2014）。一般来说，它可以归为田野研究的一种（Bailey 2007）。不过，虽然人种志也是基于实地调研，但它的主要目的是了解文化，通过自然状态下的亲身参与和观察来理解和解释某种社会生活，比如教培机构与家长、学生的互动影响着教育体制内外的教育期望和教学方法。如果聚焦到教培机构内的英语教师，关注他们如何基于自己的资历和方法影响学生和家长的观念，家长和学生的反馈又如何反过来巩固或重塑教师的成就感、价值观、教学观和工作方式，从而形成与教育体制内不同的英语教学文化，这就是一个教培机构英语教师的人种志研究。

Hammersley & Atkinson（1995：1）对人种志研究进行过以下描述，我们用粗体标出了其中的设计要素："在一段**较长时期**里，**或明或暗**参与人们的日常生活，**观察**发生的一切，**倾听**他们的言论，**询问**问题……**收集**可收集的数据以了解核心研究问题。"

人种志是一种田野研究，因此需要实地参与。研究者既可以作为独立的第三方观察者展开研究，也可以兼具研究对象的身份。前者称为非参与式（non-participatory）研究，后者称为参与式（participatory）研究。数据的来源多种多样，可以是观察笔记，也可以是访谈录音；可以是问卷，也可以是卷宗档案。数据庞大且丰富多样，因此，对纷繁复杂的信息进行提炼是人种志研究者的一项重要技能。

在教育领域，教学可以成为人种志研究的话题，比如一线城市里外来务工人员的子女教育和本地家庭的子女教育有所不同，其价值观、家庭支持、同伴影响、社区环境、学习规划等可能会促成一个不同的教育文化圈。测试反拨效应在不同特征的学生当中，或是在不同年龄段也可能促成一系列行为选择，也就可以构成在同一教育文化圈里的二级人种志研究话题。

人种志研究的奠基之作是Malinowski（1922）的《西太平洋的航海者：美拉尼西亚新几内亚群岛土著人之事业及冒险活动的报告》(*Argonauts of the Western Pacific: An Account of Native Enterprise and Adventure in the Archipelagoes of Melanesian New Guinea*)。国内则有高中语文必读书目之一的《乡土中国》。该书作者费孝通就曾师从Malinowski学习社会人类学。如果要了解各类研究设计，那么从最经典和典型的研究开始阅读会比较有助于学习和区分。人种志相关的经典阅读可以从这两部著作开始。

（二）扎根理论

扎根理论一词一般认为是由Glaser & Strauss（1967）共同提出的。这里的"扎根"是指立足于实地数据，即理论的基础是实践，而研究的目的是理论发展，或者说"理论"是研究的结果。扎根理论并不是指某个实质性理论，而是指一种旨在发展新理论的研究方法，因此有研究者认为更准确的术语应该是"扎根理论方法"（grounded theory method）（Bryant 2014）。不过大部分文献采用的是扎根理论一词，熟悉该理论的研究者们也知道该研究类型的成果往往就包含了一个实质性理论。

采用扎根理论的前提是相关理论的匮乏。理论既然尚待发展，研究问题也就只能在过程中逐步清晰和明确，而不是开篇就提出。[1]扎根理论

---

1 杨延宁（2014）给国内高校科研工作者提出过一条建议：如果岗位职责包含项目申请，那么为了更方便各类评审专家理解该项目的价值，即便研究采用的是扎根理论方法，也不妨提出若干具体研究问题以辅助专家理解，后期实施时可以继续调整完善。

的一个显著特征就是多角度循环迭代式地收集、整理和分析数据。研究者对某个话题或现象产生兴趣后，就开始广泛地收集数据，并对所收集的数据进行编码（coding），提炼出关键理论框架。在这个基础上，研究者继续聚焦，收集更细致的数据来佐证或检验理论雏形。这个过程叫作理论抽样（theoretical sampling）。初期编码结合之后的理论抽样结果不断调整，直至数据饱和（saturation），最终形成一套完善的理论。质性数据饱和是指"继续收集某类数据已经无益于发现新特质，对于逐渐显现的扎根理论也没有额外的理论深度价值"（Charmaz 2006：113）。这个原则虽然对于新手研究者比较难把握，但广泛阅读相关领域的文献有助于作出判断。

编码是所有开放性数据收集和分析的必要活动，但对于扎根理论尤其关键。它是扎根理论研究过程中的产物，而不是基于已有假设。这种开放性是扎根理论的重要特征，但保持开放的头脑不等同于没头脑（Dey 2007）。扎根理论并不是盲目地编故事。研究者的相关背景和专业知识，甚至直觉，将直接影响研究进展、编码质量以及解读的合理性。而研究结果也必须是一套可以兼容推广的新理论，而不是仅限于对某具体场景的阐释。正是基于这些特点，Bryant（2014）才提出了评估扎根理论质量的四项原则：引起业界注意、与事实相符、起作用以及可变通。

关于扎根理论的实施和编码方法，可以阅读Glaser & Strauss（1967），关注他们如何提炼出"临终意识"（awareness of dying）这个概念，或者参照Giske & Artinian（2007）中的案例实践。国内反拨效应研究鲜有有影响力的扎根理论研究案例，但合理的理论有助于指导决策与行为，这方面的探索是一个非常重要的研究方向。

（三）个案研究

个案研究在很多领域已经存在很久，比如医疗护理领域的病历（case history）和法律界的先例（case precedent）都可以归于个案研究。心理学、语言学、教育学的个案研究也很丰富，这些领域有大量影响深远的假设都源自个案研究。比如Brown（1973）基于对三个孩子的观察提出了14项词素的自然顺序假设，促成一系列不同语种以及二语习得领域的相关研究，直接推动了二语习得学科的发展。韩礼德（Halliday 1975）在观察自己儿子语言发展的基础上提出了语言作为符号系统的概念，为著名的功能语言学理论奠定了基础（转引自杨延宁 2014：34）。应用语言学领域的各种话题，包括石化、语言磨蚀、语言障碍、语用、教学与测评等都有个案研究的运用（Duff 2008；Gass & Selinker 2008）。因此，个案研究对于大多数应用语言学和教育学研究者来说并不陌生，反拨效应研究可以借鉴的样例也比较丰富。

从Simons（2009：21）给出的个案研究定义中可以窥见个案研究的构成与要素，我们用粗体标出了关键词："个案研究是从**不同角度**深入探讨某个**特别**项目、政策、机构或者系统在**真实场景**下的**复杂性**和**独特性**。它基于研究，包含**多种方法**且由**证据**引导。"

个案研究关注某特别对象，但不限于一个个体，也可以是对具有相同特点的一群人的研究。后者样本量可能很大，可以采用实验设计的方式收集和分析数据，进而变为一项混合研究（Greene 2007）。我们将个案研究放在本章介绍，一方面是基于历史习惯，另一方面旨在凸显它基于体验、深入刻画事物复杂性与独特性的定性特点。

不是所有的案例都可以判定为定性研究方法下的个案研究。一个案例上升为一项研究的标志是：从多个角度收集了证据，形成了新的知识，其成果公开且能接受质疑（Simons 2014）。但达成结果的过程和方法还包括很多细节，这就构成了个案研究中更细的方法类别。

基于不同研究目的，个案研究可以分为纯粹（intrinsic）个案研究、工具性（instrumental）个案研究与集合（collective）个案研究。纯粹个案研究关注该个案本身，工具性个案研究借个案探索某特定话题，集合个案研究则是综合多个个案来共同探索某特定话题（Stake 1995）。另外还有理论引导型（theory-led）个案研究与理论生成型（theory-generated）

个案研究之分,其中,后者已经具备了一些扎根理论的特征。这些个案研究类别对于语言测试反拨效应研究都很有价值。

评估型(evaluative)个案研究方法也非常适合反拨效应研究。这种个案研究方法有三个特征:确定个案价值,涵盖并平衡不同利益与价值观的差异,以及用实用的方式向使用者汇报结果(Simons 2014)。在语言测试领域,这意味着针对特定考试设计评估方式,尽可能周全地评判该考试的反拨效应,以及用恰当的方式呈现解读以指导后续测评实践。这与第二章的测试使用论证框架和第三章的反拨效应机制探索等目标都非常契合。

作为一种正式的研究方法,个案研究一般包含确定的研究目标,相对清晰的研究范围以及某些研究问题或框架。这也就同时指明了该研究类型所需的数据类型和收集方式。个案研究的数据主要来自访谈、观察和文件分析,也可以包括关键事件、焦点访谈、精彩片段、花絮、照片和日记/日志等补充证据。个案研究可以是历时性的,如上述语言习得领域的研究,也可以是短期/一次性的,常见于项目评估类研究。

个案研究最容易引起质疑的问题是结果的外推性(generalizability)。这是一个固有局限,很难完全避免,因为个案研究的优势本就是针对有限对象、结合具体环境和人际默契作出的特定解读和解释(Stake 1995)。外推效度一般不是个案研究者的首要责任和任务,但提供尽可能多的细节信息将有助于他人来复制、检验或规划进一步的研究。涉及决策和评估的个案研究可以采用集合个案设计,通过多个个案和不同场所的结果来论证结论的外推性,也可以通过详细的描述来支撑概念和过程的外推性。

对于反拨效应来说,有一个个案研究概念值得思考,即实境推广(situated generalisation)(Simons *et al.* 2003)。实境推广是指非研究参与者感受到研究与自己实况有关,基于对研究的信任和信心而主动应用该研究设计或结论,因此生成更多证据并能够基于公认的标准来检验结果。如果个案研究的结果被其他同事以及同行广泛、主动应用，那么这就是一个非常有力的证据，可以支持该研究的外推性。

Thomas（2010）的介绍是质量较高的个案研究入门读物。Duff（2008）和 Gass & Selinker（2008）则提供了个案研究在应用语言学领域的实战案例。这些资源对于语言测试反拨效应研究都有直接借鉴价值。

（四）行动研究

行动研究又称为基于社群的研究（community-based research）、参与式行动研究（participatory action research）或合作探究（collaborative inquiry）（Gibson *et al.* 2001）。与其他研究方法最大的不同在于它将理论与实践紧密结合起来，基于基层需要，研究解决身边的问题。行动研究的拥趸坚信：一线工作者有能力创造知识；知识是特定条件下的产物；虽然知识可以推广或升华，但它源于人们对所处具体环境的理解和认识，没有阳春白雪和下里巴人之分（Schön 1995）。理论来自实践，付诸实践，它们的价值应该体现为服务日常生活并为社会带来积极的变化（Brydon-Miller *et al.* 2003；Lewin 1951）。

行动研究也有自己的专业期刊，比如《行动研究》（*Action Research*），其创刊文（Brydon-Miller *et al.* 2003）引用了 Reason & Bradbury（2001：2）的定义：

> "一个参与式的、民主的过程，旨在探索实用知识，追寻有价值的人文目的。它扎根于参与式世界观……众人协作，连接起行动与反思、理论与实践。它在寻找解决紧要问题的实用方法的同时，更追求个人及其所在团体的繁荣。"

作一个简单且直接的类比，读者可以参照我国儒家事功学派以及顾炎武等人经世致用思想提出的背景和目的。同样，这也是行动研究在国内外医疗从业者和教师中颇受欢迎的原因之一。他们都是一线工作者，对工作过程、方法、效果以及所处环境的局限性都有自己深刻的理解。他们有动力，也有条件检验从任何渠道获取的学术理论在自己实践中的有效性，以及探索已经确定的官方政策在实践过程中亟须解决的配套问题。

在学校教育领域，行动研究的规模可以分为三个层级：个人、部门内和全校（Mills & Gay 2019）。这里的个人与个案研究不同，后者指个人作为研究对象，但此处是指研究者。行动研究中的教师就是研究者，研究者可以针对自己的需求独立开展研究。比如检验自己的新方法是否能更好地提高学生的课堂参与度，新高考政策会导致班里的学生需要什么样的个性指导，或者如何利用在职培训中获得的教学资源帮助自己的学生等。部门内则是数位教师一起针对共同的目标开展研究。教研组就是部门级行动研究比较便利且常见的单位。此外，全校也可以针对本校生源特征，或者本年度生源构成的变化来制定全校的应对政策，开展全校级别的教学、管理、学科合作等研究。

行动研究旨在解决问题，关注自身需求，因此和个案研究一样，行动研究不是很关注对外的推广性。这也是学术界有人不认可它作为"研究"的学术身份的原因之一（McNiff 2013）。但是，作为一个已经相当成熟的设计类型，行动研究有五个代表性特征（Mills & Gay 2019），充分体现了它的魅力：

a. 真实、有说服力

b. 与研究者的现实世界相关

c. 可及性（了解教师的先验信仰和价值观；教师知悉研究结果；结果对实践产生影响）

d. 撼动教育系统改革的固定模式

e. 非一时潮流（not a fad）之研究

基于我们在国内外多个学段的一线教学经历和观察，可以欣慰地说，我国一线教师实际上已经具备实施行动研究的能力，并且普遍在实践中应用这种研究方法。或许他们不知道自己的行为就是行动研究，也没有公开发表自己的成果，但他们在不断反思并弥合学术理论与课堂实践之间的脱节。如果认真研究一下教培机构受欢迎的教师、课程、项目以及公益讲座的内容，也能明白行动研究在其中起到的作用。

当一项行动研究有了人种志研究的特色时，就又出现了一个新的名词：人种志自传（autoethnography）（Chang 2016）。这个词体现了"反思"与"文化"研究的双重特色。这种不同研究特征彼此渗透的现象经常出现在定性研究中，催生了众多日益丰富的新名词，易造成困惑。至于将某研究归于行动研究还是人种志，判断标准应该是该研究的主要特征。研究实践中更重要的是各种要素的合理搭配，不必拘泥于某种定义限制。

以上设计有一些通用的数据收集方式，比如观察、访谈和档案查阅等。它们并不是某一类研究设计的专属方式，研究者可基于需要自行选用。我们将会集中介绍这些数据收集方法，在此之前，还有一个设计要素需要考虑：取样。

定性研究中的样本并不是随机抽取的大样本，而是有目的地选取的特殊对象，因此有些特殊名词，如"滚雪球式取样"（snowball sampling），能够清晰地表明该研究包含定性研究要素。我们借用Mills & Gay（2019）的分类，将常见定性研究的取样方法简要归纳于表4.2。

表4.2 常见定性研究的取样方法

术语	特点
精炼取样（intensity sampling）	因为同一研究问题在不同分类下表现有所不同，于是针对不同分类取样，比如将教师按资历分为1—5年教龄的新手教师、6—20年教龄的熟手教师、21年以上教龄的资深教师，然后各自取样。与量化研究中的分层（stratified）抽样类似，不同的是后者先分类后随机，此处不一定随机。

（待续）

术语	特点
同质性取样 （homogeneous sampling）	从类似人群中取样，比较有助于减少混淆因素的影响以及数据处理。类似于定量研究中的同名方法，但不一定随机。
标准取样（criterion sampling）	挑选符合某标准条件的所有人，比如某年级期末考试不合格的所有学生。
滚雪球式取样	先找到符合条件的研究对象，再请他们推荐更多参与者或者基于他们的特征定位新参与者，直至达到足够的样本量。
随机目的取样（random purposive sampling）	先定位超过研究需求量的特殊人群对象，然后从中随机抽样。这种方法也常用于定量研究中。

4.2.1.2　常见数据收集方法

（一）观察

基于研究者的参与程度，观察数据可以来自参与类观察（participatory observation）或旁观类观察（non-participatory observation）。参与类观察指研究者作为研究对象中的一员来参与活动，开展研究。参与者身份给予了研究者有利的条件，使其可以切身体会并更准确理解被研究现象或群体的细微行为。旁观类观察指研究者仅以旁观者的身份与研究对象接触。由于研究者与研究对象保持了一定的距离，因而更有可能保持客观的第三方立场，减少情绪性判断。

观察数据可以非常详细，也可以基于关键点来计数，这主要取决于具体的研究问题以及研究所需的精细度。在研究对象人数众多，活动节奏快速多变，或者研究目标较明确时，研究者可以重点收集关键行为。但如果是个案研究，或者是深入探索某全新的事物或现象时，则需要尽可能记录细致的信息，留下更多探索的可能。此外，观察过程中如果仅进行笔录，可以减少对研究对象的侵犯，较容易获取真实信息，如果使用音频或视频记录，可能会增加研究对象的警惕性和社会表演倾向，从而影响数据的真实性和代表性。

研究者还应注意声纹识别已经是国际上常用的生物特征识别技术手段之一，我国于2022年颁布了针对声纹数据安全的国家级规范《信息安全技术声纹识别数据安全要求》（GB/T 41807—2022）。未来论文发表和数据分享时，或许会有新的挑战。

(二) 访谈

访谈按回应的自由度可以分为结构性访谈（structured interview）和半结构性访谈（semi-structured interview）。结构性访谈有比较明确的探索目标，因此可以更有效地设计应答格式，更好地掌握访谈节奏。半结构性访谈往往有一个大框架和关键点的设计，但允许临场发挥，根据应答的内容，灵活追问或者现场设问。半结构性访谈往往包含更多开放式问题，增加了信息来源和思考角度，但它对访谈者的专业素养要求更高，对后期数据整理和分析的挑战也更大。无论是结构性还是半结构性访谈，都可以同时使用封闭式应答，如是/否判断题以及单项或多项选择题，以及开放式应答，如简答题。

访谈按交流渠道可以分为线下访谈、电话访谈和在线音/视频访谈，按参与人数可以分为一对一访谈和小组访谈。这些访谈的优缺点都比较明显。比如线下访谈能拉近访谈者和被访谈者的距离，被访谈者在现场一般不会拒绝稍深入的试探。但是，出于压力或者对于社会预期表现的担忧，被访谈者对于一些敏感问题可能会给出不诚实甚至误导性的回答。在线访谈因为有一定距离感，给了被访谈者心理缓冲空间，使得他们愿意或者勇于呈现真实的想法。但是，网络信号的质量会影响沟通质量。而且如果他们不愿意回答，也可以采用更多回避方式，这就会影响回答的可信度（credibility）。一对一访谈固然更灵活，但有他人在场的小组访谈却能让被访谈者更加严谨负责。这在很大程度上取决于访谈者的专业水准。他们必须敏锐观察到变化，灵活控场，礼貌进退，才能最大可能地保证访谈质量和保障被访谈者的权益。此外，不管是线上还是线下，录音还是录像，都必须获得对方的许可，告知对方数据呈现的方式，并保护好他们的隐私。

上述分类在以往文献中多有提及，但还有两种分类对反拨效应研究有影响，应引起更多关注。我们称其为局内访谈和局外访谈，以及当事人访谈和代理人访谈。在教育研究中，身处局内的人和局外的人感受是不一样的。比如高三教师和高一教师对于高考变化的体会是不一样的，专业命题者和普通大众对于考试的信任度和评价言行也是不一样的。而作为代理人的被访谈学生家长并没有亲身参与日常学习和考试，他们对具体考试的分析和评价往往和（被代理的）当事人，即学生的感受也不同。然而受考试的反拨效应影响最大的是学生，承担后果的最终也是他们。我们必须明确这些差异才能更好地设计研究，并作出准确的分析。

有些著述将焦点访谈/焦点小组（focus group）作为一种独立的定性研究类型来介绍，我们认为所有的研究都是有焦点的，而所有访谈的利弊也类似，不管是结构性还是半结构性，不管是一对一还是小组形式。因此，我们将焦点访谈/焦点小组归为一种数据收集方式，隶属于访谈，此处不作多余讲解。

（三）档案查阅

研究者往往需要查阅与研究有关的各类档案和记录。它们按来源可以分为一级（first-hand）文件和二级（secondary）文件，按存储方式可以分为纸质文件和数字文件，按保密级别可以分为保密文件和公开文件。

一级文件指原始的文件档案，比如考试大纲、课程标准、规章制度等。二级文件则是对一级文件的再解读，比如每次国家相关部门发布新的法规和纲要时，市场上就会出现大量的解读书籍。这些解读书籍的质量参差不齐，作者的专业水平和个人倾向也会影响他们对政策的理解和阐述。基于这些解读书籍出现的辅导资料和宣传可能会进一步造成图书与一级文件的差异。在运用这些二级甚至三级文本时，尤其需要评估它们的质量和可信度。

　　纸质文件与数字文件的差异不仅是在存储方式上，更在于涵盖的信息量上。数字文件形式和内容更多，不仅有文本，还可以包含音频、视频、行动轨迹、社交痕迹等。这些记录虽然增加了深入研究的机会，但同时带来个人隐私保护的难题。不难想象当研究者在研究对象不知情的情况下，过多收集不必要的数据将会带来的巨大隐患。与此同时，多模态的数据也给数据整理和交叉验证带来了挑战。

　　保密文件的查阅是质性研究中的另一个难题。一方面，研究者不一定能获取原始文件；另一方面，即便获取了原始文件也无法摘录引证。这就是造成误解，让读者产生不信任感的部分原因。而一旦读者对于结论的依据或内容不信任，研究结论也很难被他们认可或用来引导实践。这些话题在学界称为可信度与信任（trustworthiness）（Lincoln & Guba 1985）。

　　对于测试的反拨效应研究而言，如果出于综合考量，考题不能公开，考试数据不能公开，决策过程也不能公开，那么就只能通过其他途径建立公信力，以说服所有利益方。在这种情况下推广研究结论时，策略的价值重于实证的价值，行政管理效力可能也强于科研效力。

4.2.2　定性研究数据分析

4.2.2.1　常见数据处理与分析

　　既然定性数据可以来自文本或者访谈，那么对数据的分析自然也就有多种对应的处理方式。通过定性设计获得的数据既可以进行定性分析，也可以进行定量分析。常见的定性分析包括编码和内容分析（content analysis）等；常见的定量分析包括频次分析等。

　　（一）编码

　　编码是一种数据降维，类似于提取关键词或者进行抽象归类。通过对大段的数据进行提炼，研究者更容易发现核心的因素、变量、表现和最佳研究角度等。如果变量和表现的频次较高，还可以进行统计，并结合量化分析方法探索它们在统计意义上的各种复杂关系与关系强度。

编码没有固定的规则，不同研究者可能对同一套数据制定不同的编码。这些决策主要基于对研究目标和可解释性等的考虑。比如，如果研究者发现语言测试的反拨效应取决于语言测试的类型，那么他就可以制定一个"测试类型"编码，内含"分级考试""水平考试"和"学业考试"等类型。如果他发现反拨效应存在宏观和微观两个角度，那么他可以制定一个"影响层级"编码，下设"宏观"和"微观"两个角度。

当然，编码也可以交叉，比如某段访谈记录是家长发言，该段记录可以编码为"身份"下的"家长"类别。但由于该访谈体现了对于考试公平性的担忧，因此也可以基于反拨效应影响因素将其同时编码为"影响因素"下的"公平性"类别。

编码也可以有层级关系，比如将测试类型定为第一个层级后，下面还可以分设"利益方"编码，包括教师、学生和出版机构等。由于他们的参与度和情感态度在不同测试类型中有所不同，因此他们的利益方身份就是合理的第二层编码。

常见编码类别包括：人口信息，如年龄、性别、职业和身份等；环境，如学校或家庭、高中或大学；过程阶段，如入学或毕业、短期或长期；对象类别，如对人还是对物等。更多编码则基于具体研究，需要研究者来发掘。研究者的独特编码往往就是新理论的重要贡献之处。例如，Glaser & Strauss（1967）在他们的扎根理论编码中发现了意识和时间在临终阶段的意义。对编码毫无头绪的初学者可以阅读Saldaña（2016），其中的编码技巧和思路介绍非常友好。

（二）内容分析

传统的内容分析以文本为主，包括对历史文件、录音转写、新闻报纸、杂志、书籍、博客、日记等材料的内容进行分析，以探索其中隐藏的关系和意义。不过，随着信息技术和沟通手段的发展，现代研究还包括大量图片、音频、视频以及不同渠道的信息来源，不仅有了图片、声音、表情等新的分析目标，渠道、互动和系统特征等也都构成了新的分析点（Krippendorf 2004）。

内容分析的范围可大可小，程度可深可浅。从某种意义来说，编码可以看作内容分析的第一步，因为它列出了一份概念清单，不管这个清单是足够详细或是比较粗略。内容分析不会止步于此，而是以此为基础，进一步评估概念异同，进行语义分析，探索概念网络，呈现概念图谱等。后面的内容，实际上对应的是语料库研究、语用研究、话语分析和语篇分析等应用语言学研究者熟悉的活动。

内容分析的技术和方法本身或许没有那么重要，这是因为所有定性研究都是某种内容或意义的探寻。定性分析的质量在很大程度上依赖研究者在相关领域的积累和先天的敏感度。通过训练和实践，研究者都能基本完成分析任务，但寻找有价值的、突破性的理解可能不是可以明确预测和规划的。这一事实同样适用于以上所有研究设计和数据分析环节。掌握基本技能是有所成就的前提，Neuendorf（2017）的指南对于操练内容分析技术大有裨益。

（三）频次分析

频次分析即对关键词、主题或任何编码的出现频率进行统计分析。频次分析有两方面的价值，一方面是帮助研究者确定研究中的主要影响因素，用客观数据来避免主观印象偏差；另一方面是提供证据，帮助研究者评估所示样例的代表性，增强研究结果的信度和效度。学术论文中附上完整数据的频次总结，有助于增强读者对该研究和解读的认可。

最简单的频次分析就是汇报关键主题的出现频率，更复杂的分析则包括辅以语义网络图，呈现不同主题的频率以及与其他主题的关联强度等。后者往往需要借助软件，提高分析的效率，呈现专业的图表。当然，后者也可以通过采用更复杂的统计建模手段等进行进一步的挖掘，但随着研究的逐步深入，该研究也会转变为一项基于定性目标但融合定量方法的混合研究（见第六章）。

4.2.2.2 定性数据分析的软件和工具

定性研究的数据繁多，编码琐碎费时。针对以上问题，一些质性分析工具应运而生。表4.3是一些国际知名、持续更新、能支持中文信息处理且可以访问其官网的工具。这些软件不仅能辅助编码，还能在编码完成后辅助搜索、频次分析或图示。部分软件也提供自动转写录音的功能，比如NVivo。不过录音转写的质量受当前的语音识别等技术水平限制，研究者尚须手动纠错。不同工具的用语、功能和优势不尽相同，熟练掌握一两种即可。Woods *et al.*(2015)分析过1994—2013年间所有使用不同质性数据分析软件的研究，他们不仅展示了多种软件的输出图，也分析了各类工具的使用现状。该论文本身也是一篇内容分析案例，值得一读。质性软件的具体操作可以查阅相关官网免费公开的使用手册以及Woolf和Silver合著的一系列书籍(Woolf & Silver 2017a，2017b，2017c)。

表4.3 常见的知名定性研究软件

软件名	官网	试用期
ATLAS.ti	www.atlasti.com	90天免费，5天全功能免费
NVivo	www.qsrinternational.com	14天免费
MAXQDA	www.maxqda.com	14天免费
Transana	www.transana.org	提供有限功能演示版

4.3 特别话题：科研伦理

定性研究经常使用访谈、文献查阅甚至录音、录像等手段，与其密切相关的一个话题就是科研伦理。

科研伦理话题源自第二次世界大战期间纳粹医生对战犯开展的各种不道德实验。基于这些危害，国际社会先后制定了纽伦堡法案(Nuremberg Code)、赫尔辛基宣言(Declaration of Helsinki)等生物医学研究的伦理规范。这些规范旨在防止给研究对象带来伤害，强调被试的知情权和退出权（Tracy 2020）。在人文和社会科学研究领域，也出现过极端的伦理案例，比如哈佛大学米尔格拉姆教授的服从实验（Milgram 1974）以及津巴多做的臭名昭著的斯坦福监狱实验（Zimbardo 2007）。后者因对参加者造成了恶劣的影响而提前终止，并于2015年被改编为一部电影被更多人知晓（Leavy 2017）。

定性研究并不会经常造成极端影响，但由于会用到访谈法，而在论证结论和公开汇报时可能涉及文本或录音，从而带来一定的隐私挑战，因此需要伦理审核。语言测试反拨效应研究话题众多，方法多样，没有统一的伦理标准要求。不过学界有一些建议和角度可供研究者采纳，比如Whitney（2016）提出的社会科学研究中的IRB（Institutional Review Board）评价原则包括：是否允许异议、研究的社会影响、言论自由、心理影响、问卷与访谈的风险、田野调研中的风险、种族歧视等。Shaw（2008）认为定性研究的伦理要求不是一次性的申请程序，它应该切实贯穿研究全过程，包括初期的设计、中期的实地调研以及后期的数据分析和结果应用等。Howitt（2019）还提出过五项专门针对定性研究的伦理原则以及多个自查清单。

对于科研伦理的历史、构成、方法和争论，职能部门和科研工作者可以参考Whitney（2016）以及国际学术发表的规范要求。我们的定性研究实践和观察表明：访谈和问卷中匿名处理被试身份有助于保护被试，也有助于提高数据的真实性和质量；研究者有责任创建安全放松的氛围以帮助研究对象表达己见；而参与式研究中的研究者（participant researcher）在合理条件下可以不向被研究对象透露身份，但该流程须接受严格的监控和审核。

从一线教育研究者的角度来说，如果被公开的记录编码能有效阻断被试的身份识别，研究过程中的措施无损被试的心理和物质利益，研究结果不是以个人为单位来呈现，且合理保护了被试隐私，那么或许可以考虑伦理审核豁免，从而精简工作流程，推动研究进展和知识的及时传播。何况由于霍桑效应（Hawthorne effect）以及约翰·亨利效应（John Henry effect）等可能会干扰研究结果（见第六章6.3小节），因此有些研究更适合事后的知情告知或者是点到为止的知情书而不是详细讲解研究目的。Howitt（2019：417）列举了一些在保护被试隐私前提下的合理知情豁免情形，可以由研究者和当地管理部门沟通，酌情综合评估。与语言测试反拨效应研究有关的合理知情豁免情形包括：

> a. 研究是基于匿名问卷或自然环境下的观察；
>
> b. 研究使用的是归档材料而不是收集新的数据；
>
> c. 研究涉及工作单位或者类似组织机构但不危及参与者的聘用；
>
> d. 研究是关于教育单位的正常教育实践、课程或者课堂管理方法；
>
> e. 法律或所在机构允许在该处实施无知情同意的研究。

4.4 语言测试反拨效应研究中的应用与范例评析

4.4.1 定性研究方法应用现状

语言测试反拨效应研究在世界各国广泛开展，其中定性研究占据了重要地位。比如，黄大勇和杨炳钧曾在2002年归纳过当时国际上7项主要的反拨效应实证研究，其中6项研究使用了问卷调查方法，5项使用了访谈方法，5项使用了课堂观察方法。10多年后，刘晓华、辜向东（2013）再一次回顾了国内外20年的36项反拨效应研究，发现其中的数据收集方法依然是问卷调查、访谈、课堂观察、日志、文件和教材分析。不过采用了问卷调查的研究中有10项样本量都超过了450人，因此，这些问卷调查就具备了定量研究的特征。[1] 2014年，邹申、董曼霞（2014）分析了

---

1 本书第五章将讲解问卷调查的性质。

国内27项具有代表性的反拨效应实证研究，发现其采用的数据收集方法也主要是问卷调查、访谈、课堂观察与日记/志。虽然其中有8项实验研究提供了统计数字，但是定性研究依然占很大比例。

我们以20年为时间段，搜索了2002年1月1日到2022年9月20日的WoS核心期刊，以impact、washback、backwash、consequence这四个词与language testing的组合为主题词进行搜索，排除掉医学、失语症等领域以及书评、综述等文章后，得到98篇论文。CiteSpace软件给出的关键词共现图（见图4.1）表明，这些年间国际语言测试反拨效应研究持续关注传统话题，如语言技能（如口语与阅读）、教学、师资培训与政策研究等，但也出现了更多复杂的统计模型，如双因素模型、主成分分析、验证性因素分析，以及教师测评素养、人工智能及计算机辅助测试等。

我们又以"反拨+测试"或"反拨+语"为主题，在中国知网中搜索2002年1月1日到2022年9月20日的文献，去除书评、会议论文、无关领域和无关研究后，最终得到311篇论文。关键词共现图（见图4.2）显示我国的研究话题和角度也很丰富，且涉及我国初、高中以及大学外语教学各个方面。不过与邹申、董曼霞（2014）的结论一样，定量研究和统计术语在国内反拨效应研究中依然不是常见的关键词，这体现出国内研究在这方面的不足。不过，相比国外，国内K-12学段的语言测试论文较丰富，翻译测评也开始了反拨研究。前者可能与这次选择分析的期刊类别有关，后者则与翻译教育的发展密不可分（杨志红2019）。

虽然中国知网数据库包含大量非核心期刊论文，但我们选择中国知网来呈现国内现状，一方面是因为如张建珍（2012）提到的一样，中国社会科学核心期刊数据库给出的相关论文很少，另一方面是因为中国知网包含了更多一线教学实践者的研究，能够体现他们的努力。本章介绍的很多定性研究方法很适合一线教师，而一线教研本应是反拨效应研究和外语教学的重要战场（Lei & Qin 2022；邹申、董曼霞 2014）。

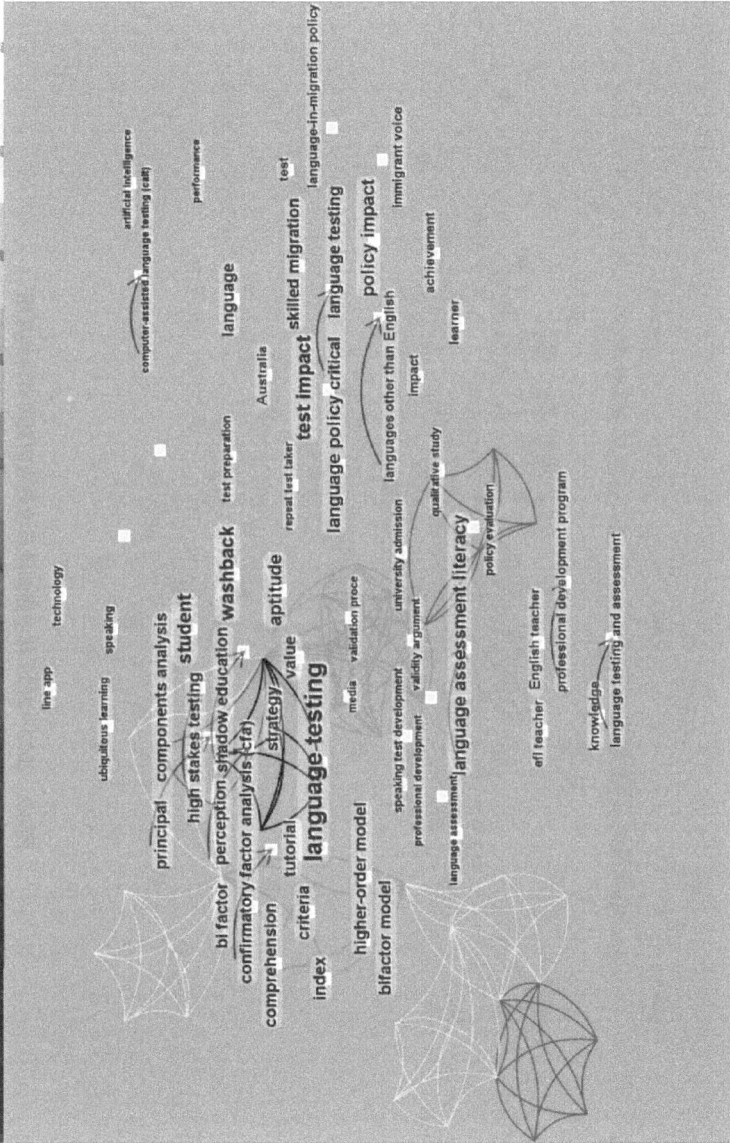

图 4.1　2002—2022 年 WoS 核心期刊反拨效应研究关键词共现图

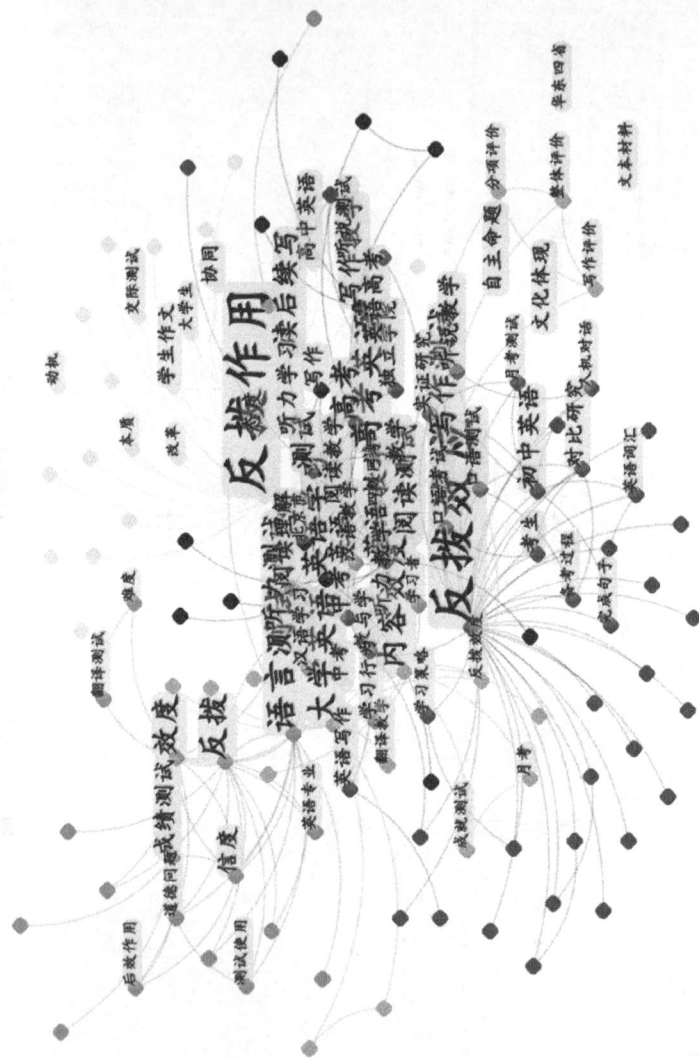

图 4.2　2002—2022 年中国知网反拨效应研究关键词共现图

张建珍(2012)认为我国的反拨效应研究存在过多简单重复的现象，而Min et al.(2020)则认为我国的反拨效应研究仍然比较传统。从定性研究方法论来说，大量论文虽然用了问卷调查、访谈、课堂观察等研究术语，但很多时候只流于形式，用于收集数据来制作表格或者证明文中引用的不是研究者编造的话语。这些研究呈现的结果似乎是无须进行研究也能得知的。而这些研究方法的价值，以及信度、效度质量缺乏论证，没有体现出整个研究的科学性和严谨性。

4.4.2 定性研究实证案例评析：大学入学政策制定者的语言测评素养

Cheng et al.(2004)已经总结过很多反拨效应研究案例，读者可以查阅借鉴。基于4.4.1小节的分析，我们选择了一个近期的案例来评析一篇关于反拨效应研究中定性研究方法应用的论文。选择这篇论文的原因有两个：一方面是因为其研究问题重要且有新意，另一方面是该研究属于典型的定性实证研究，可以作为范例展示如何结合本章介绍的定性研究方法和要素来开展反拨效应研究，以及如何基于审辩式思维来评阅一项反拨效应研究。

4.4.2.1 问题起源

Deygers & Malone(2019)回顾了语言测试反拨效应研究后认为，测试结果要能准确发挥作用，需要多方的合作与沟通。尤其是作为学者，了解政策制定的过程有助于让自己的研究真正起到影响决策的作用。很多研究关注了学生、教师和政策执行者眼中的语言测试，但很少关注政策制定者的理解，因此他们决定研究那些制定大学入学语言要求的决策者们的语言测评素养和认识。

评析：这个研究目标本身就倾向于使用定性研究方法，一方面是因为这种研究对象不是大规模人群，另一方面是因为探索以往研究不足的领域，尤其是人的想法，很难做成验证性定量研究。该研究事实上也是一项非常纯正的探索性定性研究。

4.4.2.2 研究对象和问题

两位研究者最终选择了比利时北部法兰德斯的五所大学来分析。由于荷兰语是这一地区唯一的官方语言，也是94％本科课程的授课语言，因此就读于这些大学的国际学生必须通过荷兰语考试。这些考试政策是由比利时国家教育部门以及各个高校的相关负责人共同制定的。

该研究主要回答了以下关于政策制定过程和政策评估方面的四个问题：

  a. 国家是如何制定国际学生大学入学政策的？

  b. 各个大学是如何制定国际学生入学政策的？

  c. 如何监控政策的效果？

  d. 语言能力入学要求的理论基础是什么？

评析：这些目标问题有关"如何"和"为什么"，因此访谈、查阅文献、观察等定性研究方法都是可能的构成要素，但该研究实际上只使用了访谈。

4.4.2.3 研究方法、实施与过程记录

该研究采用了目的取样方法，邀请了比利时教育部大学入学政策的制定者和五所大学所有入学政策制定者作为访谈对象。受邀者都答应参加，因此，该研究样本是目的取样中的全员取样结果，共15人。研究者明确指出，由于每个机构的参与者至少有两人，因此后文引用的话语不会透露身份。此外，大学的政策制定者身份编码为U1-U12，教育部的决策者身份编码为G1-G3。

该研究以访谈为主，研究者非常详细地介绍了研究细节，比如所有的访谈在哪里完成(被试的工作单位)、访谈时长(中位数为74.5分钟)、访谈如何开展等，并附上了从荷兰语翻译成英文的访谈程序。该附件包

括如何向被访谈者介绍研究目的，访谈包含哪几个部分以及每个部分的问题和研究目的等。研究者在文中清楚地说明访谈有录音记录，有转写，且经过编码。此外，在编码之前，他们再一次核对过转写文字并作出了必要的增补。

该研究中的编码借助Mac系统下的NVivo 11版软件完成，遵循Fischer（2007）的政策分析框架并形成了含有三个分支的树图。其中两个分支旨在回答政策制定与执行问题，第三个分支用于回答决策者关于入学要求的观点问题。编码过程分为三轮：第一轮确定该数据属于哪个分支，第二轮确定次一级的类别归属，第三轮则确定未能归类的数据是否代表了某种以前未知的类别。此研究中没有发现新的类别。

评析： 整个数据收集的过程记录非常详细。这些做法都是定性研究中很重要的信度、效度证据。详细的记录不仅能增加研究的可信度，也能帮助后来者复制、完善，甚至合理地挑战该研究的解读和结论。研究过程中有两种编码，一种是参与者身份编码，用于后面引用汇报时标注证据的来源。编码的目的是区分说话人的身份，同时阻断个人身份识别。这种编码没有技术难度。另一种编码就是对访谈内容进行提炼的编码，这种编码是定性研究的灵魂，技术含量高，工作量巨大，还需要敏锐的观察力和谨慎的思考。这部分的良好编码可能会带来全新的认识和理论发展。不过该研究的编码基于一个已有的评估框架，基本是将访谈中的实证证据归类总结，在编码结构上没有创新。这也是为什么该编码的第三个步骤没有发现新类别的部分原因。访谈录音转写是一项非常费时费力的任务。不过目前国内外都有一些录音转写软件或程序，能够大大减轻工作量。此研究所用的NVivo软件具备自动转写录音功能。

4.4.2.4 结果呈现

在详细描述了方法和过程后，研究者开始呈现结论。他们按研究问题，逐一引用证据来回答。引用的证据来自访谈中的实际谈话文本。访谈语言是荷兰语，研究者提供了荷兰语和英语两种文本。从回答者身份编码能看出是来自教育部还是大学，但除此以外，无其他识别信息。

对问题a的回答：

大学或利益相关方对入学政策提出质疑后，政府部门就会调整或重新思考政策。但政策修改不是纯粹基于研究，而是多方博弈和妥协的结果。建议可能基于科学研究，但决策更大程度上是政治考虑，最终的决策修改结果往往与起初的建议相去甚远。政府会确定静态指导，各大院校会制定并实施自己的具体要求，即改革和责任的主体都是大学。

对问题b的回答：

大学决策与政府决策类似，受非学术因素的影响很大。法律并未规定这些大学必须遵守上述政府规定，更有学校基于财政、生源、其他兄弟院校的做法或该校有影响力的教授和院系领导意见，而针对部分学生制定语言豁免政策。为了说明这一点，研究者还列举了几段访谈对话，包括布鲁塞尔某校某系主任是如何让来自布鲁塞尔所有讲法语的学生免除荷兰语入学限制的，哪怕他们一个荷兰语单词都不懂。他们还提及一个医学项目免除对所有学生的语言限制却不提供任何基于语言学的解释的案例。除此以外，还有某校为抢夺生源而放弃语言要求，结果导致大量德语学生涌进，该校三年后又被迫恢复语言入学规定。

对问题c的回答：

五所大学的决策者都认可制定入学政策的目的是保证学生具备基本语言能力，能够完成该校基于荷兰语的课程学习。然而没有人能肯定地回答学校的入学政策是否有效保证了这个目标的实现。原因之一是决策者缺乏精准的方法来测评其效果，另一个原因是决策者不认为这是他们的责任。他们认为自己的责任是保证达成校内共识，而不是设计高效的运行系统。研究者提供了不同回答的人数：感觉政策无效的有1人，表示怀疑的有5人，不知道是否有效的有9人。

对问题d的回答:

这五所学校的学生有四种证明自己语言水平的方式,包括两个证书以及一整年以荷兰语为教学语言的中学或大学学习经历。不过,很少有人提及这些做法背后的实证研究基础。尽管他们认为两个证书的考试结果是可比的,但不了解其中的原因。只有两名被访谈者确信一年的学业经历证据比较可信,不过所有人都对在大学学习过一年可以证明荷兰语能力这一点非常有信心。

评析: 本研究的一些发现或许让人沮丧,但并不是所有研究都能发现有效的反拨效应。了解业界的共同问题有助于达成共识与合作,也有利于缓解职业倦怠,而了解现实也是寻找解决方案的开始。因此,这些不尽如人意的结果也是反拨效应领域审稿人和编辑应该鼓励和发表的研究结果。研究最后的讨论部分提到,接受访谈过后,几所大学开始着手规划相关研究,说明这个研究的价值在实践方面发挥了作用。对于未来研究方向的讨论和该研究的局限性等具体细节,可参看Deygers & Malone(2019)。

该研究的结果汇报部分排版清晰,且针对研究问题一一作出回答,这些都是定性研究写作的常规做法。前文提到的编码和文字转写也是在这个部分作为论据呈现给读者。在这类证据的呈现过程中,研究者的职业操守非常重要,因为读者无法获得所有录音文本等原始记录。这也是定性研究容易引起质疑的原因之一。目前一些开源期刊以及数据共享平台要求提供部分数据,这在一定程度上有助于推动真实的沟通与传播。定性研究最后对研究不足的探讨可供研究者和读者共同反思,也是规划后续研究的信息所在。这些信息也有助于读者评估该研究结论的适用性。

该研究仅仅采用了访谈,但各个环节做得都比较到位,话题更是难得的语言测试研究者的自我反思。我们在研究反拨效应时,不只是要证明测试的结果带来了什么预期影响,还应该分析它没能实现什么目标。该研究的启发性在于,它不是纸上谈兵的理论探索,而是提出了一些我们应该关注的话题，包括我们还可以从什么角度来推动语言测评的发展，以及反拨效应研究的发现如何才能落到实践。这些都是反拨效应研究的重要话题，需要更多实证探索。

4.5 定性研究方法的不足

关于定性研究设计，Staller & Chen (2020) 提出过一个非常全面的框架。他们将研究比喻为一个摩天轮，从哪里坐上摩天轮，即用什么具体方法开始研究，这并不重要，但整个过程必定是完整的旅程，是认识论 (epistemology)、方法论 (methodology)、本体论 (ontology)、价值论 (axiology) 以及具体方法 (methods) 等众多要素共同作用的结果。它们决定着研究设计也彼此产生关联。对比该框架我们可以看出，反拨效应研究大多尚停留在具体的方法层面，倾向于关注结果数据的阐释和分析。但随着人工智能时代提出的复杂能力要求和复杂问题的出现，随着能力测量方法和技术的完善，以及从结果评估向过程评估的测评价值转向，语言测试反拨效应研究必将出现许多更新、更深入的话题探讨和方法论创新。

本章介绍的各类定性研究方法从来不是，也永远不会是固定不变的集合，它们之间的重合度和交叉领域在不断扩大，在实践中更是因灵活而微妙的搭配贡献出新的方法论认识和研究发现。此外，在实践中，定性研究方法与定量研究方法的优势往往交相辉映，前者的不足也只能依靠后者来弥补。第五章将聚焦定量研究方法。

第五章 反拨效应定量研究方法

定量研究需要数据，采用定量研究设计和统计建模也会提高经费需求。更高的项目经费能为学科发展带来积极影响，Howitt（2019）认为这是定量研究久盛不衰的一个重要原因。当然定量研究的重要性和价值远不止于此。

我们可以把定量数据分为核心数据和周边数据。核心数据如反拨效应研究中的考生得分。广大考生、家长和社会人士都能即刻、直观地捕捉到考分本身传递出来的信息，并基于此而迅速采取个人行动。周边数据如针对考生以及其他测试利益相关者开展的大规模或小范围的问卷调查、访谈、观察、追踪，以及情感、态度、市场政策等非考分的分析。这些数据需要经过研究来获得，结果不能马上呈现，但会极大地影响各层级的未来决策、大政方针和规章制度。既然数据有核心与周边之分，而且反拨效应还有个人和社会层面的差异，因此所用的定量研究方法也须综合考虑研究问题、样本量、测试类别、反拨效应波及面以及精准度要求等来确定。

5.1 定量研究方法的定义与特点

反拨效应的定量研究遵循广泛意义上的定量研究定义和流程，但目前语言测试反拨效应研究的角度和形式还不够多元，因此我们有必要了解相关领域的代表性定义，以拓展本领域的方法论视野（详见表5.1）。

表 5.1　定量研究方法的定义

学科	代表性文献	定义
教育学	Creswell & Creswell (2018)	"一种通过研究变量间关系来检验客观理论的研究方法。这些变量往往通过各种工具来测量，再借助统计流程来分析所得量化数据。最终的书面报告遵循一套既定结构，由介绍、文献和理论、方法、结果和讨论几个部分组成。与质性研究者相比，采用这种探究形式的研究人员有不一样的前提假设，比如用演绎法来检测理论，通过设计来避免偏误的出现，控制其他可能或者反事实的解读，保证研究发现的外推性和可复制性等。"（p.41）
社会学	Leavy (2017)	"定量研究的特点是演绎逻辑推理，目的是证明或者推翻已有理论，或者验证已有理论的可信度。这类研究需要测量多种变量并检验变量之间的关系以揭示有关规律、相关性或者因果关系。研究者遵循线性思维来收集并分析数据，最终得出统计数据。定量研究的底层价值观是中立性、客观性以及大范围的信息获取（如基于大样本的统计）。如果研究的主要目的是解释或评估，那么这种方法通常适用。"（p.9）
心理学	Mertens (2010)	"定量研究源自后实证主义研究范式，认为研究的目的就是检验教育或心理现象中某知识的真伪。通过收集与现象有关的客观记录，增强判定该知识真伪的信心（Gall *et al.* 2007）。其研究就是设计一项经验主义测试来支持或反驳该知识的过程。后实证主义范式包含两种知识检验：（a）该知识在当下的情境中是否为真（它是否具备内部效度）？（b）该知识在其他情境中是否为真（它是否具备外部效度或者外推性）？" ………… "大部分定量研究可以归为两类：一类旨在发现因果（或者相关）关系，另一类是使用量化数据来描述某一现象。"（p.122）

表5.1表明，定量研究的主要目的是检验和演绎，因此其中的研究目标要清晰，问题的确定、数据的收集和分析方法一般可以预先规划。定量数据可以用于描述事实，也可以用于检验关系或差异。比如在反拨效应研究中，可以评估增加口语测试如何影响学生日常口语操练的时长，也可以检验口语测试对学生的词汇、语法、阅读等能力测量的补充关系。前者可以通过描述性统计数字来呈现，比如汇总不同学校和年级的生均时间分布，后者则需要更多推断性统计分析才能完成，比如对比其他考试环境，或者用结构方程类模型来评估口语测评相比其他技能测评对完整语言能力测评的信息量贡献等。定量研究的复杂模型和技术含量多与后一类研究有关。

由于目标明确且可规划，定量研究的实施和汇报有明显的线性特征。比如研究问题决定了研究的设计和数据收集方法，继而决定了可选择的数据分析模型和解读角度，而分析结果必然与起初的研究问题对应，并作出明确的回答。对起初设置的某个流程的修改往往伴随着研究问题的更换。这一点与定性研究的开放性不同。定量研究的书面汇报也遵循线性结构，读者可以预测每个环节的要点，亮点也较易定位，论文结构固定，能够显著提高信息交流的效率。

5.2　定量研究方法的类别与要素

定量研究的典型特征是数据和统计分析的运用，但研究设计和要素也根据研究目的的不同而有所变化。早期文献中的定量研究分类和定性研究一样，并不是逻辑严密的分类体系，不同的教材有不同的分类方法和术语。多个类别之间的区别在于侧重角度不同，因此特征和要素存在重叠之处。由于定量研究与统计分析密不可分，我们借用Coolican（2019）的方法，在介绍常见的定量研究设计的同时呈现相关的统计模型，以帮助理解。

我们将定量研究归为三类：实验研究（experimental research）、准实验研究（quasi-experimental research）、非实验研究（non-experimental research）。

5.2.1 定量研究设计

5.2.1.1 实验研究

实验研究的目的是通过操控某个变量来确认该变量的影响。这种设计的关键在于随机和控制。随机涉及抽样和分组两个步骤。前者是指从目标总体中随机抽取具有代表性的样本参与研究，后者是指将已有的样本个体随机分配到不同的实验组中。随机抽样有助于论证基于样本的研究结果是否可以外推至更宽泛的目标总体，以及研究是否可重复，这些都有助于保证研究的外部效度。随机分组则借助概率理论，假设其他变量不会引入额外干扰，如此，将所有组间差异归因于实验条件（目标变量）的影响。这有助于保证研究的内部效度。

随机控制（random control）被公认为是因果推断的黄金法则（Dablander & van Bork 2022），是定量研究设计中应该保证的首要事宜。如果干扰因素众多，且无法通过随机取样来平衡所有变量的影响，或者由于经费限制无法兼顾大样本时，那么一般建议缩小研究范围。比如一项关于考试题型的反拨效应研究只关注其对高三教学的影响，暂不考虑其他年级。这是一种误差控制手段，将对因果推断有影响但非研究重点的变量（比如此例中的年级）排除，以保证对目标变量（此例中的考试题型）的有效分析。这种做法虽然降低了研究的外推性，但样本和结果代表性可以在有限范围内论证。在实践中，研究者还可以根据不同情况，通过其他方式来有目的地控制特定变量的影响。更多策略可参看Wiersma（2000）或Coolican（2019）。

图5.1包括三种常见的实验研究设计，分别匹配不同的研究目的，且各自有比较明显的统计模型倾向。

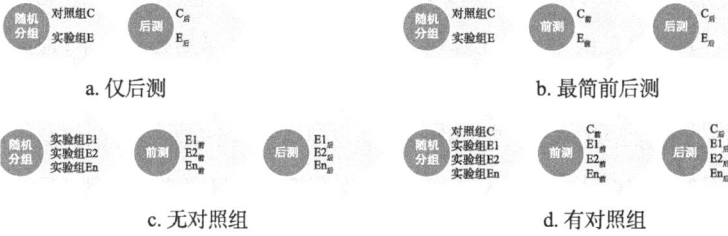

（1）独立样本设计

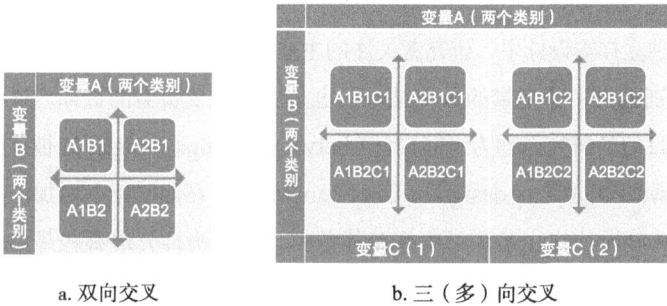

（2）交叉设计

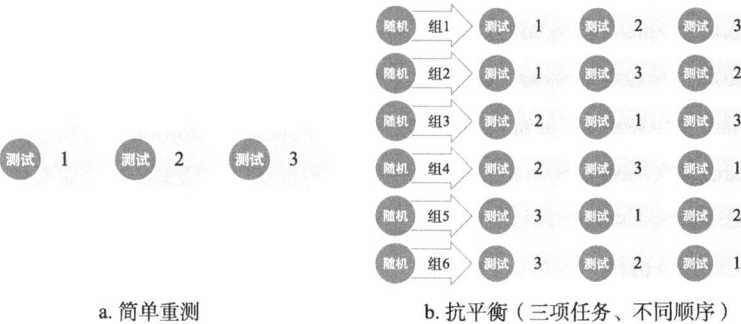

（3）重测设计

图 5.1　常见的实验研究设计

(一)独立样本设计

独立样本设计（independent group design）一般包括随机分成的实验组（experimental group）和对照组（control group，也叫控制组）。实

验组包含一个[图5.1(1)b]或多个[图5.1(1)d]实验组别，对照组无额外操作，目的是提供一个对比基线。两组之间的比较采用独立样本t检验（independent t-test）来分析，多组之间的比较采用方差分析（analysis of variance，简称ANOVA）。实践中也可能出现只有多个随机分配的实验组而没有对照组的设计[图5.1(1)c]。比如某研究已经确定要换题型，目标是要研究不同可选新题型（E1~En）的教学敏感度，那么我们可以直接对比不同的新题型导致的结果，不设置对照组。

在独立样本设计中，研究者关注的主要是不同组之间的区别，这些可能的区别就是实验变量的影响结果，也是实验想要检验的目标。以组间对比为目的的研究也称为组间设计（between-groups design）或被试间设计（between-subjects design）（Coolican 2019）。在此基础上增加的前测[图5.1(1)b]往往也是为了收集基线数据，以准确拆分出哪些是实验变量引发的影响。前后测对比通过配对样本t检验来分析。

对于独立样本设计来说，在图5.1(1)中，d的设计最全面，可以提供多个角度的对比，回答多个问题；a的设计漏洞最多，但在实践中依然存在。此外，如果预估前测可能带来延续（carry-over）效应（参见第六章），那么可以采用b设计，此处的b设计称作所罗门设计（Solomon 1949）。[1] 不过，Wiersma（2000）认为，如果前测存在与否也会影响结果的话，那么它就是一个变量，所罗门设计其实就是交叉实验设计的一个特例。

（二）交叉设计

如果有文献表明实验效果除了目标实验变量以外，还会受其他已知变量的影响，那么交叉设计（interaction design）就是更合理的选择。比如，假设理工科优势高中和文科优势高中的课时规划会因"是否允许一年多考"的政策而不同，有无一年多考政策视作变量A（有vs.无），高中的优势类型视作变量B（理工科优势vs.文科优势），这就形成了一个2×2的交

---

1 Solomon（1949）指出，实际上Winch（1908）是最早使用这种设计的人。

叉设计[图5.1(2)a]。利用图5.1(2)a的四个方案组就可以检验一年多考政策与不同学校类型之间的交互作用，比如同时探索有无一年多考政策对于两类学校带来的不同课时规划。与此设计相匹配的统计模型是因素方差分析（factorial ANOVA）。交叉设计还可以更加复杂，比如同时研究三个或更多变量的交互作用[图5.1(2)b]，不过设计越复杂，所需样本量越大，数据的解读和呈现也更加困难，因而并不是很实用。

(三) 重测设计

重测设计（repeated measures design）适宜对同一研究对象进行多次分析。如果研究问题是考试类型如何影响教师讲评试卷的方式，那么对同一批教师在几种考试后的讲评课评估（如用某种指标来量化讲评课特征）就构成了重复测量。这些讲评课虽然受教师本身的能力和习惯影响，各有偏重，但由于都来自同一批教师，因此数据间存在天然的关联，不能视作独立事件。用统计模型语言来表达，与此设计对应的是重复测量方差（repeated ANOVA）分析和组内（within-group）分析，而不是简单方差分析。也因此，这类实验设计也称为组内设计（within-group design）或被试内设计（within-subject design）（Coolican 2019）。

在重测设计中，如果有理由认为任务顺序可能会影响结果，那么可以进一步加强控制，比如随机安排不同教师按不同顺序实施考试并讲评试卷，从而在总体上抵消顺序因素的影响。这种设计称作抗平衡设计（counterbalanced design）[如图5.1(3)b]。它依然利用了随机概率分布的假设来平衡其他非核心变量的干扰，不过随机操作本身并不能消除误差，只是提供了识别误差来源的依据，这种设计只有匹配恰当的模型，比如混合模型，才能提供准确的解读（Pollatsek & Well 1995）。

虽然独立样本设计中的前后测也是重复测试，但重测设计强调对同一研究对象进行多次、同样的测量。因为研究对象保持不变，所以人际差异自动排除，这样就能更清楚无误地评估实验变量的影响。在讲评课评估这一例子中，对多次讲评课的评估就是该研究中的重复测量，评估差异反

映的就是不同考试对教师讲评策略的影响。还有些文献中提到时间序列
（time series）设计，这也是一种重测设计，只是其侧重点是目标变量的历
时影响，不管该历时影响是日渐弱化、累积增强，还是周期性波动。时间
序列模型可以理解为配对样本 t 检验和重测方差分析思路的延伸。

5.2.1.2　准实验研究

准实验研究是指没有达到完全意义上的随机控制的实验研究，这个名
词最早是由 Campbell & Stanley（1963）提出的。不能完全随机的原因有
很多，比如政策、伦理道德、成本等都可能造成不能将被试随机分配到实
验组或者对照组的结果。不同领域都有一些准实验研究的近义词，这些词
汇反映了该领域的常见准实验设计的原因，比如医学和金融财务领域的自
然实验（natural experiment）（Gippel *et al.* 2015；Liu *et al.* 2021）和教育
领域的事后实验（ex post facto experiment）（Chapin 1938）。前者要求基
于自然状态，后者则无法操纵分配。

由于研究者往往只能在现有组别的基础上开展实验，而组别间可能存
在混淆变量，因此准实验研究的效度很容易受到质疑。比如在前文的交叉
设计例子中，理工科优势与文科优势是多年发展的结果，无法随机分配。
虽然可以借助试点将一年多考政策作为实验变量，但由于学校优势中可能
混合了其他影响考试政策效果的因素，比如师资、文化和生源等，因此在
论证一年多考政策和学校应对措施这二者间的因果关系时，须补充额外证
据，比如论证样本的代表性以及起始组别在多个控制变量上的事实对等性
等，以排除其他解释。

非完全随机的不足使得准实验研究的发展历史与定性研究一样坎坷起
伏（Shadish *et al.* 2002）。不过，和定性研究中的行动研究类似，由于它
接近真实生活和自然状态，可复制性强，应用场景广，因此研究者们从未
放弃这种设计，而是不断探索着方法论上的改进。2017年临床流行病学
界组织了一期准实验研究专题，涵盖13篇论文，大力推广准实验研究在

临床医学中的应用（Bärnighausen *et al.* 2017）。2021年诺贝尔经济学奖颁给了对自然实验和因果推论作出杰出贡献的三位科学家，他们的研究涉及经济学和教育学等多个领域。这些专栏和奖项都体现了准实验研究的学术价值，并预示着其发展新高峰的到来。

实验研究的设计和分析都可以用于准实验研究，比如独立样本设计、交叉设计以及重测设计等。不过准实验研究中的非随机性使得它们需要借助更多策略，以拆分出各类混淆因素的影响，增强因果推断的内、外部效度（Gopalan *et al.* 2020; Liu *et al.* 2021）。这一点往往也可以通过统计分析来实现。比如传统上就一直借助工具变量（instrumental variable，简称IV）（Wright 1928）和协方差分析（ANCOVA）来控制已知变量的影响，用双重差分设计（difference-in-differences design，简称DID）（Snow 1854）控制潜在混杂因子的影响。断点回归（regression discontinuity，简称RD）（Thistlethwaite & Campbell 1960）广泛应用于推断关键决策点的局部平均实验效果，而结构因果模型（structural causal model，简称SCM）（Pearl *et al.* 2016）常用于判定因果的方向。对于这些模型的操作细节，本书不作深入讲解，感兴趣的读者可以阅读Bärnighausen *et al.*（2017）、Liu *et al.*（2021）以及Pearl *et al.*（2016）等论文和专著。

Gopalan *et al.*（2020）总结道，教育领域使用最多的准实验研究设计是断点回归设计和双重差分设计。他们的依据就是表5.2中的元分析结果。该表中的各种关键词都是他们用于定位准实验研究的信息。显然，不是所有的数据分析方法都能代表一种"设计"。这一点和Rosenbaum（2020）在《观察性研究的设计》（*Design of Observational Studies*）一书中的观点一致。Rosenbaum（2020）指出所有的研究设计都含有分析要素，但设计一词还包括如何确定科学的研究问题，如何选择调研环境，收集哪些数据，如何、怎样来收集数据，如何剔除偏差或者减少不确定性等诸多内容。简言之，判断一个在研究"设计"和"分析"方法话题中都会出现的名词代表的是前者还是后者，取决于对数据的研究和使用；设计结束时，分析才开始（Rosenbaum 2020）。常见的实验研究设计依然可以吸收到准实验研究中来，因此本小节仅介绍 Gopalan *et al.*（2020）提到的断点回归设计和双重差分设计这两个前文没有提及的准实验研究设计。

表 5.2　1995—2018 年 15 种教育期刊中的准实验设计论文统计
（改编自 Gopalan *et al.* 2020）

关键词	固定效应	断点回归	工具变量	准实验	双重差分
论文数	149	127	119	101	98
关键词	倾向性评分	自然实验	外源方差	间断时间序列比较	同胞对照
论文数	75	41	24	11	2

　　断点回归设计往往用于研究某个决策断点（cut/threshold value）附近的样本，比如刚好考上大学的学生和仅以几分落榜的学生。如果我们希望探讨大学教育对收入差异可能带来的影响，但无法随机确定某个学生是否被录取，考虑到录取分数线上下的两组人各方面可能非常接近，那么"刚好考上大学"的学生群体样本可以视作一个"差不多"（as-if）的实验组，"仅以几分落榜的学生"群体可以视为对照组。如果可以论证他们在其他相关控制变量（比如家庭背景、性别、地域等）上对等，那么这两组人群后期的收入差异就可以合理地归因于"大学教育"这个变量所带来的结果差异。这里除了样本的选择要限定在某个断点两侧以外，整个分析其实可以类比实验研究中的独立样本设计，只不过此处是通过对比局部平均差异来检验某个变量的影响，结果可外推的范围很小。此方法的一个经典应用案例就是 Thistlethwaite & Campbell（1960）所做的是否获得奖学金提名对于学生职业和学术态度影响的研究。在国内，王骏、孙志军（2015）则采用此方法研究过重点高中能否提高学生的学业成绩。

双重差分设计类似于实验研究中的双向交叉设计，但要在实验组和对照组内分别基于某个变量计算出一个差异分，然后将对照组的组内差异分作为参照，对比实验组的组内差异分来推断仅由实验变量带来的影响。用回归分析的语言来讲，这实际上是通过控制组内差异和自然变化差异来评估组别与实验变量（一般为某种政策变量）的交互项，从而确定可以归因于实验变量的净效应。当然，作为一种研究设计，与之配套的不仅是这个核心分析，还有众多配套检验。比如该设计往往包含针对假设前提有效性的平行趋势检验以及针对结果可靠性的稳健性检验（Rosenbaum 2020；黄炜等 2022）。双重差分是教育和经济领域的常用名词，在心理学领域则称为间断时间序列比较（Gopalan *et al.* 2020）。这个方法在教育领域的应用很广泛，比如 Li & Kennedy（2018）用该方法研究了基于学生表现发放社区大学拨款的政策对于学生表现的影响。国内则有马浚锋、罗志敏（2022）研究了我国世界一流大学建设政策的成效。

准实验研究试图明确、主动地控制可能的干扰因素，因此它的结果或许比有漏洞的实验研究结果更有说服力，比如，有些实验设计误以为随机操作可以完全消除事实上的不对等。这一点在教育领域尤其明显，比如学校经常对新生随机分班，但结果并不一定是真正意义上的平行班级。如果仅基于随机分班的措施就假设实验前的组间对等，就极有可能得出错误的结论。在实际研究中，应该借助协方差分析等统计手段，尽可能全面地检测并控制已知相关变量（如学业基础）的影响。此外，在准实验研究中，确定断点回归中的断点带宽（bandwidth），判断某个变量是混杂因子（confounder）还是碰撞因子（collider），以及建构结构因果模型中的有向无环图（directed acyclic graph，简称 DAG）都需要专家判断或者主观选择某个统计标准。每一步、每一处的主观选择都会引起额外的问题。这些是反拨效应研究者在运用准实验研究时须全面考虑的问题。

5.2.1.3 非实验研究

非实验研究事先不控制任何变量，因此，这类研究数据虽然也被用来判断不同变量的相关程度或者描述组间差异，但在确定因果关系时挑战更大。这类研究涉及很多名词，包括相关性研究（correlational research）、归因对比研究（causal-comparison research）、观察研究（observational research）、事后研究（ex post facto research），以及问卷调查研究（survey research）等。此分类体现的只是侧重角度的不同。在特定条件下，多个名词可以彼此兼容或者同时用于研究中。这也是下文讲解的名词会同时出现在一篇论文当中的原因（如 Adams & Olsen 2017；Stephen *et al.* 2020）。本小节我们将介绍这些常见设计的特点和各自的侧重点，并重点讲解问卷调查研究设计，因为这是教育研究和反拨效应研究中常用且便捷的方法。

（一）相关性研究

相关性研究关注变量间的关系。虽然它们可以提供部分因果前提证据，即变量之间有统计意义上的显著关系，但相关关系不等于因果关系，因此其本身并不能直接用于因果推断。有些教材将相关性研究单独列为一种研究设计（Mills & Gay 2019），有些则将其归于其他研究（如问卷调研）之下（Wiersma 2000）。不过，即便是后者，一般也不存在对变量的实验控制。研究者往往是对现存数据展开事后分析，寻找或检验变量之间的关系，因此相关性研究被认为是典型的非实验研究设计（Coolican 2019；Creswell 2015）。相关分析很容易让人联想起统计中的相关系数计算，而这的确也是此类研究中经常用到的统计分析方法。不过，变量之间的相关关系也可以表现为不同组别之间的差异（Coolican 2019）。毕竟从统计分析的角度来说，一个只有两个类别的组间变量在某连续变量上的组间均值差异本就可以表述为该组别变量与连续变量之间的点二列相关关系。

(二) 归因对比研究

归因对比研究不局限于研究变量间的关系（Burke & Soffa 2018），其研究目的是通过对比组间差异来推断因果关系，或者推断该组别变量可能造成的影响。教育领域常见的组别变量包括性别、年龄、社会经济地位、教育水平、所在城市、学校类型等。显然，这些变量也是无法随机分配的，它们之间即便有差异，也不能因此直接得出"它们与某结果变量之间有因果关系"的结论。"对比"一词则暗示了可选的统计分析模型，比如 t 检验和方差分析等。在更复杂的设计中，比如含有对照组以及实验组的重复测量中，因素方差分析和重复方差分析也会发挥作用。和前面介绍过的实验设计以及准实验设计一样，类似的统计模型也适用于归因对比数据分析。

以上两种研究设计可以视作侧重数据分析的方法。这些方法本身并没有明显的"设计"特征，但由于历史习惯，它们在研究文献中被广泛用来代表非实验研究类型，而大量已发表的国内外文献也依然称其为"研究设计"。

(三) 观察研究

观察研究从字面意义上直接体现了这类研究的数据来源和收集方式，即通过观察的方式收集事实数据（Ward & Johnson 2008）。作为一种数据收集方法，观察法也用于定性研究中，第四章已经作过介绍。但当其作为一种定量研究设计时，观察法涉及很多与实验设计不同的规划和思考，比如观察研究中的结果数据可能在研究开始之前就已存在，只是在某特定研究中被收集起来进行分析。由于没有经过随机分组或者实验控制，因此在做因果推断时，往往需要借助其他手段来区分(准)实验组与对照组，论证为何基于某变量的因果推断是合理的，以及如何排除其他可能的解释等。大量统计手段被用来匹配观察研究的对象，检测潜在偏误，以得出尽可能精准的结论。常见的统计手段包括倾向得分匹配（propensity score matching）（Rosenbaum & Rubin 1983）、偏差敏感度检验以及各种关联一致性检验（如signed rank test）（Rosenbaum 2002）等。观察研究的目的常常也是检验预定的假设，这也是定量研究的特征。

观察研究对于测试反拨效应话题很重要。我们可以类比流行病学研究，比如虽然药品（类比：新的考试题型）可以经过试点来让人们了解其基本价值和效果，但在大范围推广时，可能会受到多种因素的干扰，比如病人的基础健康状况（类比：各类学生基础）、各地生活习惯（类比：教学和测评惯式）、医疗资源和当地配套政策（类比：师生比例、教师测评素养以及考核政策等）。而多种混杂因素可能会带来不同的交叉反应，从而催生新的因果推断。因此基于观察类数据做因果推断时，需要更多策略和方法来补足更复杂的逻辑漏洞（Rosenbaum 2002，2020）。关于这些方法在考试领域的应用，例如借助倾向得分匹配法来形成合理的对照组，可以参看Seo & De Jong（2015）。

（四）事后研究

事后研究对应的术语中的"ex post facto"，其拉丁词义为"事后"，直接体现了该类别的视角，即强调基于已有事物或者已发生事件来收集的事后数据。也有研究者基于该角度将准实验研究和人种志之类的定性研究都称为事后研究（Burke & Soffa 2018）。不过，由于事后研究常和问卷调研同时出现，且事后研究常常收集李克特式量表数据，有些文献仅将其视为一种数据收集方式（Adams & Olsen 2017），还有文献认为它就是归因对比设计的另一种表达方式（Ary *et al.* 2019：276）。这些混乱的解释虽然反映了人们对于这个术语的不同理解，却也体现了它公认的显著特征：基于事后的数据收集，不存在实验操控。因此它不属于实验研究。

事后研究本身可以进一步分为两类：前摄性（proactive）和追溯性（retroactive）（Ary *et al.* 2019）。比如，研究者想知道一年多考政策对学生高考焦虑程度的影响。有无一年多考政策可以作为前提自变量，高考焦虑程度作为结果变量，基于前者将数据分组后对比高考焦虑程度的组间差异，这就是一项前摄性事后研究。如果研究者想了解是什么因素决定了某地高三毕业班学生是否参加秋季的英语考试，比如自我规划、英语春考的得分或者校方宣传，研究者可以将是否参加了两次考试作为因变量，追溯这三个自变量的影响程度，这就是一项追溯性事后研究。

观察研究和事后研究其实也存在于准实验研究文献中，在这些情境中，它们常被用于修饰"实验"一词(如Thistlethwaite & Campbell 1960)。当研究设计具有明显的实验特征时，它们就被归为准实验设计；当实验特征不如描述性特征明显时，它们就被归为非实验研究类别。比如Rosenbaum(2002: 1, 11)对观察研究的描述介于非实验研究与准实验研究之间，后来他在另一本书中则明确表示那些采用精妙方法成功排除其他解释的观察研究属于准实验研究(Rosenbaum 2020: 6)。这些事实说明，相比界限鲜明的二分类法，有些研究设计可能更适宜用一个连续统的方式来归纳。这是一个值得探讨的研究话题。

(五)问卷调查研究

再次强调，一个听起来像工具或者方法的术语之所以被归为一种设计，是因为它所代表的研究类型不仅含有该类工具或分析方法，还包含一系列独特的要素或挑战。比如，问卷调查研究当然会用到问卷这一数据收集工具。除此以外，由于该类研究的调研目的一般是事后检验某种假设或者探索人们的观点或态度，因此属于非实验研究，研究结果的信度、效度需要缜密的规划和操作来保证。问卷调查研究含有一套鲜明的要素，包括整体设计、工具编制和常见数据分析方式等，它们提供了来自不同研究阶段和角度的信度、效度证据，也带来了大量研究话题和挑战。在反拨效应研究中，我们经常会注意到问卷的使用，但其信度、效度证据有限，比如缺乏问卷设计(或修改)、调研实施、数据清理和交叉验证等过程性效度评估等要素。

"问卷调研"这一术语给国内初学者带来的困惑还有一部分是因为翻译。虽然survey在现代文献中有问卷的含义，但该词本身的意思是"调查"，词源可追溯至拉丁语中的super(超过)和videre(看，看到)

（Schuman 1997）。Groves *et al.*（2004）在其专著《调查方法论》（*Survey Methodology*）第一版中，就给出过相关定义：

> "调查（survey）是一种收集实体（一个样本）数据的系统方法。它的目的是构建量化的指标以描述这些实体成员所代表的总体的特质。'系统'一词目的明显，就是为了将调查与其他信息收集方法明确区分开来。"
>
> （Groves *et al.* 2004：2）

可能是因为"调查研究"的译法不利于快速识别出这类研究的特征，中文文献常将survey research译为"问卷调查研究"（罗胜强、姜嬿 2014；唐美玲等 2019），或针对特定读者群体译为"社会调查"（风笑天 2014：1）。我们只须记住，这种研究设计中的数据收集方法不仅有问卷，还有访谈（Fowler 2014；Groves *et al.* 2004；Mills & Gay 2019），如此就能更清楚地理解这一研究设计的最初含义，但是访谈很难大规模进行，因此往往不是主要的量化数据来源。

按数据收集时间长短，问卷调研可以分为两类：横截面（cross-sectional）调研和追踪（longitudinal）调研，前者在中文文献中也称为横断面或横向调研，后者也称为纵贯或者纵向调研等。在同一个时间点开展的调研是横截面调研，在多个时间点连续开展的调研是追踪调研。前者的优势是数据收集快速，缺点是很难推断随时间变化的发展。后者的优势是能够研究发展变化，缺点是不能很快得到结果，并且随着时间的推移会有被试退出或流失的情况，流失率过高会影响研究效果，而对缺失数据的不当处理可能会增加结论中的偏差。

追踪调研还可以进一步细分为三类：趋势调研（trend survey）、队列调研（cohort survey）和面板调研（panel survey）。它们的主要区别在于取样方法，不同的取样方法对应不同的研究问题。假设我们的研究目的是了解招生录取政策改革后的大学生英语学习态度的变化。如果采用趋势调研的取样方法，我们可以每年从当年新生中抽样，通过分析不同年度的数据来观察新生群体的态度差异，但也只是观察。如果采用队列调研的抽样方法，我们可以将某一级的新生确定为目标人群，然后在接下来的四年里，每年从这个队列中抽取同样比例的学生进行调研。每年样本中的学生可能在前一年被抽中过，也可能从未被抽中过，但由于他们都来自同一个队列，因此都是该总体的代表性样本。这些不同年份的样本间的差异可以拼起来呈现这一级新生从大一到大四的态度变化。面板调研抽样方法指在新生入学时就确定一个学生样本群，然后每年调研这一完整样本群的态度变化，这种方法可能比较符合大多数人对于追踪调研的期待，但磨蚀（mortality/attrition，见第六章）效应对这种设计的影响也最大。

Mills & Gay（2019）补充过一个后续调研（follow-up survey）设计，特指在前期研究结束若干年后，再进一步继续追踪的研究。这有点类似于实验设计中的时间序列研究后期，只不过此处的后续调研的结果只能汇报在另一份研究报告中。

问卷是本类研究中的重要数据来源，因此该工具的质量非常关键。问卷编制有很多注意事项，已经有大量文献总结了相关细节，如题型选择、敏感话题处理、是否设立中立项、条目排版、如何翻译已有问卷等（Dörnyei & Taguchi 2010；Fowler 2014；Hinkin 1998；风笑天 2014）。这些细节都将影响问卷的回收率以及回答的代表性、准确性和真实性。如果不注重这些细节，一份问卷就可能变成无效问卷。在实践中，我们遇到过大量此类问题，建议读者在阅读已发表论文时仔细评估其中的问卷质量。在研究开始之前邀请与项目无关的人员来尝试回答可能是最高效的质量检测方法。但为了尊重他人的时间，建议先进行自我核查。表5.3是我们基于文献和实践整理出的一份问卷编制自查清单，加粗的条目尤其需要关注。

表 5.3 问卷编制自查清单

序号	条目	重要性原因
1	提供言简意赅的项目参与知情同意书	科研伦理与规范
2	整体版面清晰简洁	表面效度
3	避免收集不必要的个人信息	用户信任；回收率；信息安全
4	每个问题仅聚焦一个话题或概念	确保理解
5	避免模糊表述，对于容易产生歧义的词语或表述作出解释	确保理解
6	对于非常见的调研题型，举例示范如何回答	数据效度
7	避免导向性用词	数据效度
8	避免或者巧妙询问有争议或者令人尴尬的话题	数据效度；数据真实性
9	按照从一般到具体的次序来安排调研问题	答题效率
10	保证提问和回答不跨页排版	答题效率
11	李克特式量表条目选项不要超过七个	数据效度
12	对于选择类题目，根据研究目的，给出"拒绝回答"或"其他"选项并提供自愿书写解释的空间	给设计中的疏漏留下补救机会

随着在线调研的发展，其他有关的新话题也出现在了问卷调查研究中，例如界面大小和布局、字体字号、答题方式、导航功能、图像和音视频使用、问卷访问权限、防范恶意刷卷以及在线应用的安全性等，这些挑战不容忽视（Couper 2008；Wright 2005）。

针对不同的研究目的，问卷还有行为探究、态度探究、量表建构等目标差异（徐国兴 2020）。随着新题型和新的量化数据类型出现，数据分析需求和方法也不尽相同。问卷调研的常见量化分析方法包括从描述性统计汇报到推断性统计建模，可参考 Groves *et al.*（2009），罗胜强、姜嬿（2014）以及朱红兵（2019）。本章中我们补充讲解两个常见的困惑和误解，一个是测量学知识在问卷调研中的作用，另一个是克伦巴赫系数的意义及其常见误解。

社会科学和人文学科有很多抽象概念，这些概念作为研究目标时无法直接观察，比如心理学中的"乐观"，语言测试中的"外语水平"，教育学中的"学习压力"等。它们其实都是一种潜在的构念，很难给出清晰的定义，且往往通过某种可观测的变量来呈现。这个呈现过程就是文献中所说的操作化（operationalization）定义。定量研究中这些被定义且量化的变量称为该构念的测量指标（indicator）。比如，乐观可以被操作化定义为面临特定挑战时的一种态度。有的态度可以赋值为5分，代表极其乐观，有的为1分，代表极度悲观。外语水平可以被操作化定义为在某考试上的得分率，答对90%代表极高的水平，而答对10%为极低的水平。学习压力可以体现在每天完成作业所需的时间上，5小时为超强，半小时为轻松。很明显，这些指标数据的度量尺度（scale of measurement）各异，有的只能体现相对次序，有的则具备了等距或等比关系（Stevens 1946）。这些构念还可以从多个角度探讨，比如学习压力除了体现在作业量上，还可以体现在每天的睡眠时间上。此外，还有些构念更加复杂，包含多个维度，并且其中的每个维度又包含多种测量指标。然而，只要通过观测指标来测量构念，就会出现测量误差，影响结论的准确性。减少测量误差是问卷调研中的常见目标，而评估问卷在多大程度上测量了我们想要测量的构念就是问卷调研中的效度问题。这时，测量学理论和方法就是不可或缺的知识。

测量学理论决定着我们对于数据的态度和分析方式。选择不同的理论往往也意味着选择不同的统计模型来拆分出真实目标与误差以及开展信度、效度评估等活动。语言能力作为一种潜变量，其分析也涉及测量的误差控制问题。基于观测值的分析虽然可以从经典测试理论（classical test theory，简称CTT）开始，但随着测量手段的更新以及对精确度和效度要求的提高，能力测评和反拨效应研究等可能无法绕过测量领域认为更合理的潜变量分析与估算方法。与这些话题相关的测量学术语也在不断丰富，包括项目反应理论（item response theory，简称IRT）、综合信度（composite reliability）、过程效度（process validity）、循证设计

（evidence-based design）、探索性因素分析（exploratory factor analysis，简称EFA）、验证性因素分析（confirmatory factor analysis，简称CFA）、探索性结构方程建模（exploratory structural equation modeling，简称ESEM）以及多侧面Rasch建模（many facets Rasch modeling，简称MFRM），等等。这些内容不是本书的焦点，也无法简单归纳，建议研究者们参看教育测量、心理测量、语言测试等领域的文献（如Crocker & Algina 2008；范劲松、张晓艺 2024；朱正才 2022）。我们建议感兴趣的读者阅读教育和心理测量领域较完备的技术性文献综述，如2006年出版的《教育测量》(第四版)（Brennan 2006）。专门针对问卷调研的测量学中文文献，我们推荐罗胜强、姜嬿（2014）的著作，针对问卷数据的建模前分析建议阅读温忠麟等（2018）的论文。

克伦巴赫系数（Cronbach's alpha）在使用问卷调研方法的论文中经常出现。这一指数常被称作内部一致性指数，因为从数学角度来看，它是量化赋值后的所有条目两两相关系数的均值（Cronbach 1951；Cronbach & Meehl 1955）。它体现的是所有题目共同指向某一测量目标的一致性程度，值域范围为0-1。数值越大，一致性越高，表明这些条目在测量同一个构念。

实践中有两个问题需要注意。第一个问题是如何计算该系数。克伦巴赫系数是一种构念/量表质量检验指标，然而并不是所有的问卷都是为了探索某个构念理论或者意欲成就某个量表工具。问卷中有些用数字表达的条目只是为了描述频数，也就不需要计算克伦巴赫系数。比如父母学历背景可以赋值为秩序变量数值1-6，6为博士研究生学历，1为小学以下。如果它是和其他问卷条目，如家庭收入、亲子陪伴时间等一起用于测量一个潜在构念，如"家庭学术支持力"，那么它就必须参与检验指标信度，即我们将基于父母学历背景、家庭收入以及亲子陪伴时间这三个变量来计算克伦巴赫系数，检验它们测量"家庭学术支持力"这个潜在构念的可靠性。如果问卷的目的是开发一个英语水平自评量表，那么父母学历背景在该研究中就只是个背景变量。我们可以分析它与学生英语水平的关联度，比如探讨父母学历背景是否与孩子的英语水平高度相关，但它并不是该英语水平概念的指标性变量，因此也不需要参与计算克伦巴赫系数。

第二个问题源自对统计知识的误解或曲解。克伦巴赫系数的计算方法（Cronbach 1951）决定了该数值不应该太小，有学者认为不能小于0.6（Dörnyei & Taguchi 2010），但这个值也不是越大越好。如果所有问卷条目两两高度相关，那么最终的克伦巴赫系数也将极其接近1。毕竟随着问卷条目的增加，克伦巴赫系数一般也会增加（Nunally 1978；孟庆茂、刘红云 2002）。不过此时有必要思考一下，条目间是否有太多重复或量表本身是否可以精简，因为高度相关也可能意味着这些条目没有区分意义。从研究伦理和研究效度上来说，高度相关也可能意味着不值得浪费被试这么长的时间来探测重复的信息。到底多大的系数才是最佳系数，这取决于我们的研究目的、可以接受的测量精度、理论认识的深度以及问卷条目的意义等。实践中可以观察条目逐条删除后的克伦巴赫系数的变化幅度，结合相关学科的内容效度分析来取得平衡（Haynes *et al.* 1995；Hinkin & Tracey 1999）。

除了克伦巴赫系数以外，学界还提出了很多适用于多维度或多层级量表的信度计算方法（温忠麟等 2022）。还有学者指出，克伦巴赫系数适合构成指标的信度计算，但并不适合效果指标的信度计算（罗胜强、姜嬿2014）。总之，克伦巴赫系数在检验量表质量时需要汇报，但汇报该系数并不等同于直接验证了量表质量，而得到一个很高的系数也不能证明底层理论或者数据结构的正确性。这些都是需要注意的测量学问题。

不过，对于实践者来说，好消息是克伦巴赫系数在大部分情况下依然有用（Raykov & Marcoulides 2019；Sijtsma & Pfadt 2021；温忠麟、叶宝娟 2011）。此外，它是一个使用便捷的指标，在SPSS软件中就可以轻松获取（朱红兵 2019）。

5.2.2　定量研究数据分析

5.2.2.1　抽样方案

由于经费、人手、必要性和可行性等，大部分研究都不会收集全部目标数据，而是从中抽取一部分作为研究数据。样本抽取的方法会影响样本的代表性，也关乎结论的外推性，这些都是抽样理论的话题。本小节简单介绍常见的抽样设计，其中，概率抽样更受定量研究者的青睐，但非概率抽样（non-probability sampling）也有特定且准确的应用场景（Cornesse et al. 2020）。而随着研究设计的多元化发展，抽样方式也越来越灵活。

（一）概率抽样

概率抽样包括简单随机抽样（simple random sampling，简称SRS）、系统抽样（systematic sampling，SS）、聚类（簇群）抽样（cluster sampling）、分层抽样（stratified sampling）、分段抽样（multi-stage sampling）等。

简单随机抽样是从总体中随机抽取n个对象（要素、案例、单元等）的抽样方法。要实现这种抽样意味着总体对象数据都是可以获取的，即已经有了抽样框（sampling frame）。简单随机抽样是一种非重置性抽样（sampling without replacement），因此一个对象不会在同一个样本中出现两次（Groves et al. 2009）。基于抽样理论和中心极限理论，当总体量足够大时，样本量达到一定的大小就能满足预期的标准误要求（精度要求），但当总体量本身就不够大时，精度要求越高，对样本量的要求就越高（Groves et al. 2009；Leavy 2017）。如果是基于有限总体抽样，有些计算还需要结合有限总体校正系数（finite population correction，简称FPC）（Levy 2014）来调整抽样方差大小。

系统抽样也是一种随机抽样，但只是随机确定一个起点。起点确定以后，抽样名单就可以确定，比如总体有100人，确定要抽取20％的人（20人），即每5个人中选一个，其中的数字5就是文献中常常提到的字母k的含义。系统抽样会先随机选择第一个对象，比如2号对象，然后数到他后面的第5位，即7号，作为第二个对象，以此类推，选中12、17、22、27……

直到名单最后的97号为止。系统抽样的传统做法是将所有总体对象编码，然后借助随机数码表来抽取所需样本。一些书籍中还有对随机数码表的介绍，这为理解抽样程序提供了另一种视角。不过实践中已经有很多工具和软件可以轻松完成这个任务，随机数码表将逐步成为历史。

有时，由于抽样对象的地理位置过于分散，简单随机抽样会大大增加研究成本和难度。比如，如果研究需要实地访谈，随机选择访谈对象就需要更多的人手、设备和资金。聚类（簇群）抽样的方法则比较适合这种情况，抽样分两步：第一步是基于某种标准，比如地理区域，将研究对象分为不同簇群，然后从中随机抽取簇群样本；第二步是在簇群选好以后，直接选中群里的所有对象，或者从每个群中随机抽取对象，组成最终样本。不过，由于簇群实际大小不等，在总体样本需求固定时，在选定的簇群里随机抽样就意味着需要更多的簇群数，这样的聚类（簇群）抽样相比简单随机抽样，优势便不明显了。

整体样本需求不变时，聚类（簇群）抽样一般会比简单随机抽样的误差更大，精确度更低（Groves *et al.* 2009）。Kish（1965）提出过两个统计指标来量化这些设计影响以评估调研成本，其中一个是设计效应（design effect），另一个是有效样本量（effective sample size）。增加簇群的数量可以改善研究的精确度，但随着簇群量的增加，聚类（簇群）抽样的成本优势也就逐步削弱。此外，簇群的抽样比例和每个群里的抽样比例还取决于不同簇群之间以及簇群内部的同质性（homogeneity）程度（Kish & Frankel 1974），因此简单随机抽样和聚类（簇群）抽样都有各自适合和不适合的应用场景。

分层抽样有助于保证重要的研究变量不被随机排除在外。比如我们想了解全国大学英语四、六级考试的反拨效应，如果我们认为反拨效应对不同年级、不同专业的学生影响不一样，那么我们可以先按年级和专业分好层级（stratum），然后从每个层级抽样。这样就能保证每个年级和每个专业的学生都包含在样本中。这是简单随机抽样无法达到的结果。不过，与聚类（簇群）抽样类似，由于有的专业人数多，有的专业人数少，有的专业内部差异大，有的专业内部差异小，要获取有代表性的样本，就需要考虑抽样比例。因此分层抽样还可以进一步分为等比抽样和非等比抽样，前者指按某个统一的比例从各个层级抽样；后者指基于两个层级(专业和年级)的比例构成和内部方差大小来共同确定各个层级的抽样比例，而一般做法是人数多的多抽，内部差异大的多抽。

还有一种抽样方法很容易与分层抽样混淆，称为分段抽样，即在不同阶段分别抽样。比如先随机抽中省份，然后在抽中的省份中随机抽选大学，最后在抽中的大学中随机抽选学生。同样，由于各省大学数量不一样，不同学校的学生人数也不一样，因此，总体来说，每个学生被抽中的概率并不相同。在总体样本量大小已定的情况下，要确保个体具有相同的抽样概率，还需要估算不同阶段的抽样比例。

基于概率的抽样都可以预先估算所需样本量。而随着抽样设计复杂性的增加，确定各个阶段的抽样比例、校正抽样误差、评估抽样质量等技术要求也会相应提高。确定不同概率抽样下的样本量以保证所需的研究精度(误差)等方法建议参看Valliant *et al.* (2018) 以及朱红兵 (2019) 的著作。两者都介绍了各种概率抽样下的计算，也都提供了丰富的样例。前者介绍了实用的R软件包PracTools以及相关案例代码，后者讲解了如何利用SPSS软件得到结果。

(二) 非概率抽样

非概率抽样，也叫目的抽样 (purposeful sampling/purposive sampling) 或判断抽样 (judgment sampling) (Leavy 2017)，在第四章中已经提过。泛泛而言，所有研究都用到了目的抽样，因为我们总是基于研究目的来选择研究对象。对于定量研究者而言，目的抽样主要是与概率抽样进行区分，反映抽样的偏向性。对于反拨效应研究目标而言，有的研究需要更精准的概率抽样，比如评估教育经费预算，有的研究以目的抽样为主，比如描述特定教学环境下的师生变化等。Patton (2015) 曾总结过八大类(共40种)目的抽样策略，每一种策略都有其侧重点和特点，我们将其归纳为表5.4，供读者参考。

表 5.4　八大类目的抽样策略类别及其特点（整理自 Patton 2015）

序号	类别	目的与特点
1	单一显著个案 (single significant case)	• 深入理解一个对象，带来突破性认识，本身具有显著特殊意义 • 包括指标个案、自我研究、关键个案等抽样方式
2	对比聚焦抽样 (comparison-focused sampling)	• 选择案例进行对比与比较，确定可以解释异同的因素 • 包括特例抽样、精准抽样、配对抽样等
3	群体特征抽样 (group characteristics sampling)	• 挑选案例来解释重要的群体特征 • 包括最大差异抽样、同质性抽样、典型个案抽样、关键知情人抽样、配额抽样、目标随机样本、时间–方位样本等
4	概念或理论抽样 (concept or theoretical sampling)	• 抽取与某概念或构念有关的典型个案，用以解释该理论或想法 • 包括演绎式理论抽样、归纳式扎根理论抽样、因果路径案例抽样、概念榜样敏化抽样、原则抽样、涟漪效应抽样等
5	工具用途多案例抽样 (instrumental-use multiple-case sampling)	• 选择关于某个现象的多个案例，得出可以推广的结果信息，用以指导实践、项目和政策变革 • 包括用途抽样和系统性定性评估综述
6	序列性突现抽样 (sequential and emergence-driven sampling)	• 在田野研究中累积样本，一个个案带另一个个案 • 包括滚雪球式抽样或连锁抽样、回应者驱动抽样、网络抽样、链条追踪抽样、现象突现或从属组突现抽样、机会抽样、饱和抽样或冗余抽样等
7	分析性焦点抽样 (analytically focused sampling)	• 抽取案例以支持或深化质性分析 • 包括验证和推翻案例、补充说明和阐释案例、质性研究综述、重大政治案例抽样等
8	混合、分层以及嵌套抽样 (mixed, stratified, and nested sampling)	• 针对多种研究兴趣和需求，深入聚焦或用于三角验证 • 包括合并或分层的目的抽样，以及各种概率抽样与目的抽样的混合

　　一般认为概率抽样有助于保证研究的外部效度，目的抽样有助于获取更深入和丰富的信息，因此目的抽样的介绍往往出现在方法论教材中的定性研究部分。不过表5.4表明，随着研究方法的发展，目的抽样已经无法简单归为定性研究的特有代表性术语，比如准实验研究和非实验研究中也都会用到目的抽样，表现为配对抽样（matched sampling，Rosenbaum & Rubin 1985）。混合、分层以及嵌套抽样类别中还有更多组合抽样方式（Patton 2015），这也充分体现了混合研究范式对传统定量研究的影响。

5.2.2.2　数据分析与解读

（一）权重与结论的外推性

　　既然抽样设计多种多样，样本构成比例也可以不同，那么基于样本数据来推断总体参数时，权重考虑就非常重要，否则得出的结果就不是对总体的准确推断。加权后再进行数据处理的情况在我们接触过的研究中较为少见，可能是需要更多的阅读。不过，相关技术要求比较高，有需要的读者建议参阅Valliant *et al.*（2018）和朱红兵（2019）的详细讲解。研究者在阅读他人结果时也需要结合这一点来评估结论的准确性。

（二）显著性与其他评价标准

　　统计意义上的显著性一般由p值表示。常规以0.05为标准，通常的含义是该统计相对某虚无假设分布的可能性比较低，p值只有0.05，也就意味着不太可能出现这种结果。比如在反拨效应研究中，样本人群对某态度题回答的均分远高于或远低于中立态度（虚无假设），p值小于0.05，也就意味着就平均而言，回答者对该题不是持中立观点而是有明显的态度倾向。然而，实际上，当样本量足够大时，与中立态度的微小差异也会呈现为统计上的显著差异，表现为较小的p值。因此各个学科的方法论专家都展开过多次探讨，强烈主张汇报效应量（effect size）和置信区间（confidence interval）等，以弥补基于统计显著性判断的不足（Fritz *et al.* 2013；MacCallum *et al.* 1996；Wilkinson & the Task Force on

Statistical Inference 1999)。2022年，来自五个国家的心理学者们又联合提出了可重复性（replicability）、可再现性（reproducibility）以及稳健性（robustness）等要求（Nosek *et al.* 2022）。这些都是比统计显著性更有意义的评估角度，可能是未来反拨效应研究需要去检验和关注的内容。

5.2.2.3　潜变量分析与分类分析

既然语言能力、水平、态度等都是无法直接测量的研究对象，潜变量分析模型就是人文社科领域不可或缺的技术手段，尤其在运用量表类工具时更是如此。比如，研究表明，国外开发的量表在经过翻译和未经翻译后用于国内测评时，其信度、效度可能发生变化，需要再次验证其质量（Dörnyei & Taguchi 2010）。这方面的话题与技术也不是本书能简单归纳的，建议读者阅读英文书籍（如Bartholomew *et al.* 2011）来深入了解潜变量分析的理论原理。建模实操和软件应用可以阅读Kline（2015）的专著。国内文献可以参看侯杰泰等（2004），这是一本结合经典潜变量分析软件Lisrel的应用类介绍书籍。结合Mplus软件的相关书籍可以参看王孟成（2014）以及王孟成、毕向阳（2018）。Mplus软件当下比Lisrel更活跃，同时考虑到软件的后续支持，建议读者掌握Mplus软件。不过Lisrel的命令格式非常有助于理解各类参数的初始意义，也有助于查阅各类模型的原始推导文献。另一个软件SPSS的高级版里含有Amos模块，也是结构方程建模的常用工具，国内部分语言测试反拨效应研究已经开始了相关模型的应用（如肖巍、辜向东 2022；肖巍等 2014），但此类应用明显还不是业界常态。

由于教育是多种因素共同作用且不断变化的活动，因此大规模反拨效应研究也应注重研究的统计效应量而不只是统计显著性，以评估研究对于实践的指导价值。和上述心理学专家们的主张一样，我们认为反拨效应研究领域也应该开展和发表复制检验类研究，也要定期开展高质量的元分析以及多角度评估，以探索新的认识。如Lei & Qin（2022）所言，要得出可以推广的结论，恰当的样本量以及与之相适切的科学评估应该发挥更大的作用。小范围或者一线教师的课堂实证研究则应注重研究的深度和精细化描述与分析，以更准确深入地理解现象，指导具体的教学与决策。当然，在单个定量研究中试图探讨多种变量作用时，无法避开中介效应、调节效应等其他量化模型的应用（温忠麟、刘红云 2020）。这些也将是研究反拨效应的一线教研机构和人员的测评素养内容。

5.3　特别话题：元分析

元分析（meta-analysis），也称荟萃分析或整合分析，是一种越来越重要的量化研究。它和综述类文献（review article）一样，都旨在整合和评估大量已有文献。但元分析与综述在方法论类别上极为不同，前者属于定量研究，后者一般是定性研究，故我们将元分析列为本章一个特别话题来介绍。

泛泛而言，任何研究都涉及一些综述类文献回顾。因为前人和业界的当下研究状态是新研究展开的基础。如果归纳为一种研究类型，综述就专指对某一领域内现有研究展开全面概述的研究。虽然综述也可以使用定量方法，但往往以定性为主，是一种文献整合方式。元分析则聚焦统计手段，关注不同情境下的效应量差异，探索各种变量对于不同结论的调节作用。

我们借助人工智能工具Kimi，用提示语"元分析与综述的区别"得到了一些回答。这些回答言简意赅，我们将其整理为表5.5，供读者快速了解。

表 5.5　元分析与综述的对比

	元分析	综述
目的	通过统计方法综合多个研究的结果，以获得更精确的效应量估计，并可能检测到单个研究中未被注意到的模式或趋势。	提供对某一领域内现有研究的全面概述，评价研究结果的一致性，讨论理论、方法和实践上的差异。
方法	使用定量方法，对选定的研究进行统计合成。这包括计算效应量、进行异质性检验、可能的敏感性分析和/或亚组分析。	可以是定性的或定量的，但更常见的是定性方法。研究者会阅读和评估相关文献，但不会进行统计合成。
数据选择	通常基于预先定义的纳入和排除标准选择定量研究，以确保数据的可比性。	可能包括更广泛的研究类型，如定性研究、案例研究等，不一定需要严格的纳入和排除标准。
结论	提供基于统计合成的结果，可以得出关于效应大小和研究结果一致性的明确结论。	可能提供更广泛的讨论，包括理论的整合、研究方法的比较和未来研究方向的建议。
结构	通常包括引言、方法、结果、讨论和结论，特别强调统计分析和结果的呈现。	结构可能更为灵活，包括引言、文献的分类和讨论以及可能的总结和建议。
应用领域	特别适用于心理学、医学和社会科学等领域，这些领域中存在大量定量研究。	适用于广泛的学科领域，包括那些以定性研究为主的领域。

　　元分析的结构特色鲜明，在数据收集、分析和汇报部分都有常用规范式操作，比如数据收集和准备阶段，须明确解释文献纳入和排除的标准，呈现从文献中提取调节变量进行编码的信息。为了统一评估标准，尤其是样本量较小时，还须基于原始文献计算出 Hedges' g（Hedges 1981）效应量用于下一步的分析。在数据分析阶段，一般都要检验发表偏倚（publication bias，Rosenthal 1979）与异质性（heterogeneity）。前者往往借助漏斗图（funnel plot，Light & Pillemer 1984）来评估所选文

献能否全面、系统地代表该研究领域的总体结论，后者则结合Q统计量等（Higgins & Thompson 2002）来判断后续的统计分析应该匹配随机效应模型还是固定效应模型，以便得出更准确的结论。数据分析阶段一般还有敏感性分析。元分析研究结果一般包括一份森林图（forest plot，如Rothstein 2008），呈现所有纳入研究中的平均差异及其置信区间。结合具体研究，结果中往往有多个基于不同调节变量的分析图表。

关于元分析中的文献筛选和数据收集方式，读者可以阅读Cooper et al.（2009）的完整介绍。相关的统计原理和解读，建议阅读Borenstein et al.（2009）。该书中文版书名为《Meta分析导论》，2013年由科技出版社翻译出版。Cooper（2017）的中译本《元分析研究方法》第五版由中国人民大学出版社出版。任志洪等（2023）的同一话题心理学专著也很适合阅读。

理解了元分析的思路后，研究者可以借助很多统计软件或程序完成大部分分析，比如用Stata、SPSS、SAS、R等完成所需的效应量计算以及后续的小组对比分析和调节效应分析等。如果使用命令驱动型统计软件，如Stata、SAS，大部分情况下还需要结合多个步骤，整理不同的数据格式，配合不同命令语法才能逐步得到所有想要的结果。有的软件，如Stata，也可以输出森林图，但缺乏定制功能。因此，建议初学者使用专门的元分析工具，尤其是利用菜单驱动的程序来自动计算效应量并制作漏斗图和森林图等。知名的元分析软件包括Revman、MetaWin（Rosenberg 2024）、Comprehensive Meta-Analysis（CMA）（Borenstein *et al.* 2009），R中的软件包metafor（Viechtbauer 2010）等。图5.2和图5.3是基于CMA 3.0附带的数据运行后的输出结果，一个为漏斗图，一个为效应量森林图，操作很简单。

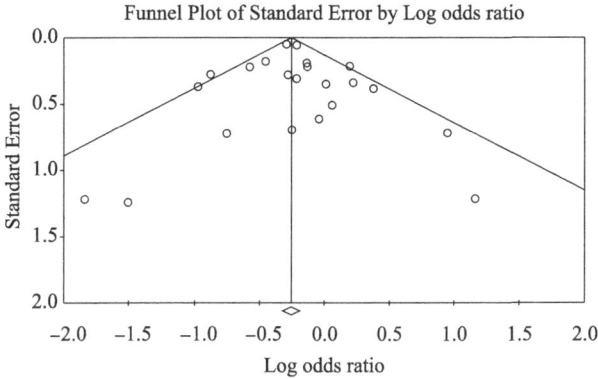

图 5.2　CMA 3.0 软件输出的漏斗图示例

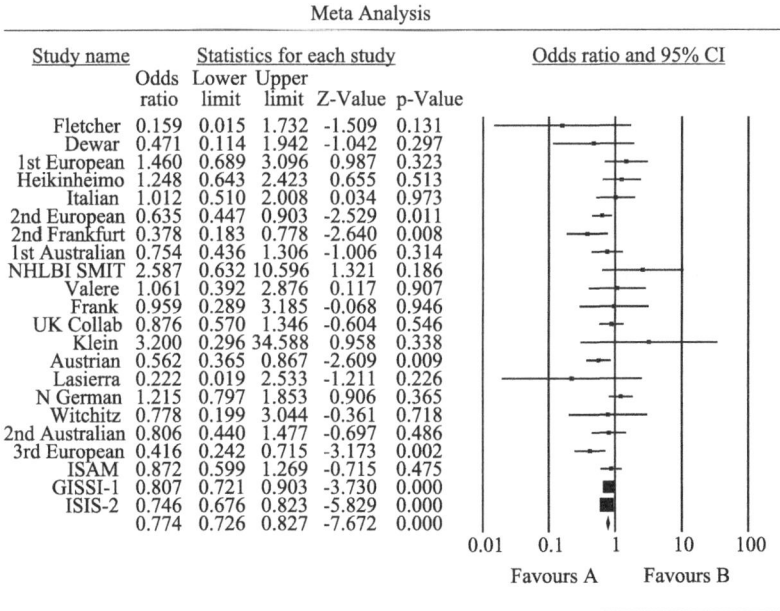

Meta Analysis

Study name	Statistics for each study					Odds ratio and 95% CI
	Odds ratio	Lower limit	Upper limit	Z-Value	p-Value	
Fletcher	0.159	0.015	1.732	-1.509	0.131	
Dewar	0.471	0.114	1.942	-1.042	0.297	
1st European	1.460	0.689	3.096	0.987	0.323	
Heikinheimo	1.248	0.643	2.423	0.655	0.513	
Italian	1.012	0.510	2.008	0.034	0.973	
2nd European	0.635	0.447	0.903	-2.529	0.011	
2nd Frankfurt	0.378	0.183	0.778	-2.640	0.008	
1st Australian	0.754	0.436	1.306	-1.006	0.314	
NHLBI SMIT	2.587	0.632	10.596	1.321	0.186	
Valere	1.061	0.392	2.876	0.117	0.907	
Frank	0.959	0.289	3.185	-0.068	0.946	
UK Collab	0.876	0.570	1.346	-0.604	0.546	
Klein	3.200	0.296	34.588	0.958	0.338	
Austrian	0.562	0.365	0.867	-2.609	0.009	
Lasierra	0.222	0.019	2.533	-1.211	0.226	
N German	1.215	0.797	1.853	0.906	0.365	
Witchitz	0.778	0.199	3.044	-0.361	0.718	
2nd Australian	0.806	0.440	1.477	-0.697	0.486	
3rd European	0.416	0.242	0.715	-3.173	0.002	
ISAM	0.872	0.599	1.269	-0.715	0.475	
GISSI-1	0.807	0.721	0.903	-3.730	0.000	
ISIS-2	0.746	0.676	0.823	-5.829	0.000	
	0.774	0.726	0.827	-7.672	0.000	

0.01　0.1　1　10　100

Favours A　Favours B

Meta Analysis

图 5.3　CMA 3.0 软件输出的效应量森林图示例

元分析的价值和不足也很明显，比如样本的选择决定了后续的结论。虽然不同学者提出了多种发表偏倚的检验方法（Egger *et al* 1997；Rothstein 2008），但没有很好的统计方法能保证元分析无偏差。McCord（2003）更是深入分析了本意良好的犯罪预防项目因为发表偏倚而带来的更多伤害的可能。样本数据问题将始终影响元分析研究的效度。

元分析在我国测试领域已有应用，比如窦菅山（2022）用元分析探讨了在线考试与传统考试成绩的等效性研究。但反拨效应研究中的元分析例子比较少见。

5.4　语言测试反拨效应研究中的应用与范例评析

5.4.1　定量研究方法应用现状

国内外语言测试反拨效应研究并不少，既有专著，也有专栏（徐倩 2012）。国内研究也紧跟国际话题与方法，但如第四章已经提到过的，国内定性研究多，实证研究少，简单重复式较多，研究角度至今仍然比较传统（Min *et al.* 2020；张建珍 2012）。如果反拨效应是关注测试对教学的影响，旨在改善并引导教学的话，那么定性研究较多并不是个负面问题，但研究不够深入是个大问题。我们将在第六章继续探讨这个话题。

结合前文提及的研究设计和要素，可以看出，国内外公开发表的反拨效应研究很多是事后检验，即非考试开发机构在政策实施之后的小范围检测。有的研究探索某测试对于利益相关者的影响，有的研究验证国外反拨效应模型的合理与否，大量的研究看似探索，实则是验证语言测试考题的构念效度。很多实证研究探索学生和教师的态度、看法和习惯，虽然这些研究并未使用量表但却使用了克伦巴赫系数，而具体变量间的作用机制以及不同教育角色在其中的表现却鲜有深入挖掘。很多研究采用的是便利样本，很少有研究者汇报效应量等其他信息。

当然，这些不足不能掩盖业界前行的努力，比如复杂的统计模型已经开始应用于我国语言测试的反拨效应研究中。亓鲁霞（2012）就曾指出Xie（2010）的博士论文就是较早使用结构方程建模来研究反拨效应的案例。2013年，辜向东和肖巍发表了基于决策树模型的反拨效应研究。肖巍等（2014）和肖巍、辜向东（2022）都使用了多群组结构方程模型。这些研究表明，语言测试反拨效应研究领域已经有了一定的定量研究人才储备，我们期待并相信未来会有更多突破，包括自主理论创新和研究角度的拓展等，研究对实践的指导也会更加具体。

5.4.2　定量研究实证案例评析：中国考生应对作文考试的印象管理策略

可能是因为数据收集比较方便快速，问卷调研是反拨效应研究中经常用到的研究方法。Xie（2015）基于问卷调研法研究了全国大学英语四级考试（CET 4）写作测试部分的反拨效应，该论文的定量研究特色鲜明，我们在此浅析分享。

5.4.2.1　问题起源

Xie（2015）指出，中国的大规模英语考试一般采用整体性评分方法来给作文评分，但这种评分的印象性特征始终让测评研究者们感到担忧。以往研究较多关注评分员的行为，探索评分员的表现和评分信度、效度等。也有研究分析了考生的作文文本特征，发现了作文字数、书写、拼写错误、用词以及句子结构等对于整体性评分的明显影响。不过，从考生感知角度展开的反拨效应研究不多。已有证据表明，师生在作文考试中都不太关注真实的观点表达，而是去猜测评分者的目的和喜好，这种现象证明了考试策略的存在，因此，有必要深入研究考生的感知及其与写作表现的关系。

评析：这个研究目标很容易让读者期待通过访谈等定性研究方法来进行探讨，但这篇论文本身并没有用到访谈，而是一项非常单纯的定量分析研究。后文可以看出，该论文只是系列研究中的一个组成部分。

5.4.2.2　研究问题

已有研究表明，基于整体印象得出的作文分数虽然可以获得较高的信度，但存在内部效度问题。不同评分员给出同一个分数的依据可能并不相同。作文前半段的错误所带来的负面印象，往往难以通过后半段的表现来弥补。一些文本特征，比如拼写，在母语写作中并不是作文构念的合法要素，也不能体现学生的写作水平，但在外语作文评分中却是重要的组成部分。总之，基于印象的评分在效度方面令人担忧。不过研究仍须探讨表面文本特征在多大程度上、在何种情境下、基于怎样的目的合理或不合理地影响评分，因为对于外语学习者来说，外语作文的构念理应包含基本写作规范。这些可观测的表面特征能够反映基础的能力。需要担忧的是考生会不会利用这些表面特征获得与实际能力不符的高分。

研究表明，考生会对考试形成自己的特定感知，但这些感知不一定会影响考分。比如，对某个话题熟悉并不一定意味着就能得高分。此外，考生认为需要更多时间来写作，但研究表明，他们的实际写作表现并没有因为时长而产生差异。有两项研究关注过国内师生对高风险写作考试的印象管理策略。这些印象管理策略源自官方的评分标准、"内部"信息以及教师辅导。结果表明，在官方信息与内部信息冲突时，师生倾向选择信任后者。

理解相关感知有助于考试的开发和效度验证，主要是因为这些感受会引发一些考试策略，比如抄袭提示语原文或者运用写作模板等。研究者的前期研究还发现考试目的和动机比基于传统认知理论的策略模型更能解释考生的策略运用。针对评分者的印象管理就是限时写作考试中的策略动机所在。

该研究主要回答了三个问题：

　　a. 对照目标作文技能，考生在多大程度上认为印象管理策略对获取较高的作文分数很重要？

　　b. 如果印象管理策略有用的话，考生采用的策略在多大程度上影响了他们的整体作文得分(在控制考生的语言能力水平和他们对目标技能的认可差异后)?

  c.有没有以及有哪些文本特征能够解释考生的感知与整体作文得分之间的关系?

评析: 这篇论文首先提出研究问题,然后讲解研究工具、参与者信息以及数据收集和分析的方式。一开始就有明确的研究问题一般是定量研究的特征。不过,这几个问题本身都没有明确的方法限制,因为它们都是既可以通过访谈等质性分析来直接探讨,也可以通过相关、回归以及因素分析等基于变量关系的统计分析来推断。该研究采用的是后者。

第二个问题在后文再次提及,文字表述与此处稍有不同却更准确。该研究通过将外语水平和技能目标感知这两个变量加入统计模型来控制外在变量的影响。不过另一个可选方案是缩小研究对象的范围。这两种做法都是本章提及的控制外部变量干扰的常规建议(Coolican 2019;Wiersma 2000)。

第三个研究问题中的文本特征不是本书第四章中对文本进行主题分析得来的特征,而是基于现有明确的语言学目标计算出相关的指标数据,是考生作文文本语言学特征的量化表达。这些指标被用于后文的多元回归和相关分析。这些都体现了该文的定量研究特征。

5.4.2.3 工具、被试、实施与分析

该研究采用了两套工具:一套是已不被使用的两份CET 4考卷;另一套是目标技能感知(共六题)和印象管理策略感知(共六题)量表。该量表语言为中文,基于6分制的李克特式问题来收集考生感知信息,先通过153名学生试测,检验其信度和效度后正式使用。

参与者来自华南某高校二年级的886名学生。他们完成了两次作文模拟考试和一份感知问卷并最终参加了CET 4考试。研究者从学校收集了他们的CET 4总分和分项分,其中三项主观测试部分的得分构成了被试的外

语水平控制变量。被试都签署了知情同意书。

四名有大学英语教学经验以及CET4评分经验的评分员按CET4的评分量表评阅了所有模考作文。其中一名评分员重新评阅了所有作文。研究者汇报，这名评分员与其他评分员的皮尔逊相关系数分别为0.752、0.658、0.634。两次模拟作文考试间的斯皮尔曼–布朗相关（Spearman-Brown correlation）系数为0.330。这两套作文得分、基于它们转换得来的z分数均值以及正式的CET4作文分是后面四套多元回归分析的因变量（结果变量）。

研究者采用目的取样，选取了58篇印象管理策略各异的学生作文。两名研究人员将作文录入文本文件，分别逐字核对了两遍，且标注了作文中的不同错误类型。除了作文字数和词长，该研究还基于AntConc3.4.1和Coh-Metrix 3.0计算了作文的多个语言学特征数据，这些是后文多元回归分析的自变量（预测变量）。

该研究运用了SPSS 16软件完成了大部分量化分析，包括：正态分布检验、量表的内部一致性（克伦巴赫系数计算）、多个相关分析、探索性因素分析以及基于感知综合分且控制了外语水平差异这一变量后的多元回归分析等。

评析：研究者的研究方法运用得相当准确到位，不仅详细描述了研究步骤和细节，所有的量化分析也都严格遵循了标准流程。比如将样本分为两部分，一部分用于探索因子结构，另一部分用于再次验证等。对于总体的便利取样以及58个文本的目的取样表述也很清晰，有助于其他研究者评估结论的内、外部效度。

必须指出，该研究所用的问卷可以追溯至研究者多年前开发的一套量表，而最初的量表开发是基于访谈等定性方式得来的。因此，在单独阅读这一篇论文时，我们可以称其为定量研究，但其前期基础已经包括了定性研究。为了辅助理解和评估某论文的结果和信度、效度，有些论文自引是必要的，这也是一些复杂研究项目的特点。

还有一点值得认可的是，在该篇论文中，研究者再次检验了这部分量表在本研究人群中的表现，基于证据剔除了目标技能感知中的一题，并将印象管理策略分成两个因子。研究者并未简单引用或假设先前在不同人群中验证的克伦巴赫系数和因子结构。除很难复制的量表类分析之外，我们认为研究者们都应该结合当下的样本，再次检验量表在自己研究中的质量。如前所述，可再现性和稳健性是方法论研究者们期待的进步方向（Nosek *et al.* 2022）。遗憾的是，该研究没有呈现效应量、置信区间等辅助信息，且该论文中也看不出验证性因素分析所用的软件和参数估算方法。

5.4.2.4 研究结果

除了汇报上述量化分析中的过程性证据，研究者也一一回答了三个研究问题。

对问题a的回答：

考生认为目标技能最重要，其次是防御策略，而冒险策略最不重要。目标技能感知回答均分显示，考生认为"聚焦"最重要，其次是"不跑题"以及"包括了所有要点"。他们认为"准确使用标点符号"这个写作技能最不重要。对于防御策略来说，考生认为最重要的是"避免不熟悉的语法和单词"，其次是"注意书写"，再次是"避免拼写错误"。冒险策略均分比上述条目的得分都低。考生认为其中相对重要的是"使用复杂的句子"，其次是"使用高级词汇"。对于非常见(低频)单词的使用，考生态度接近中立。标准方差显示考生们对目标技能的观点相对一致，但在印象管理策略上的观点差异较大。

对问题b的回答：

多元回归分析结果表明，在控制了考生的语言水平和目标技能认可差异后，采用防御策略的学生作文得分更高，但冒险策略与作文得分之间没有显著关系。

对问题c的回答：

文中提到的58人是基于他们的策略得分而被选中参与分析的。做法是将防御策略与冒险策略按问卷回答转换成z值后，各自按z值的值域范围均匀拆成高、中、低三组。中等组不参与文本特征计算。高防御低冒险组合因人数太少而不便取样。最后从高防御高冒险、低防御高冒险以及低防御低冒险三种策略特征组合的考生中抽取了58篇作文,计算了各种语言学数据。抽样过程兼顾了学生的外语水平。最终样本里的考生外语水平相当,但组间策略感知有统计意义上的显著性差异。

分析表明,高防御考生的作文得分更高。他们的语言运用错误更少,作文篇幅更长,但句子更短,单词更简单。采用复杂词汇和句法的高冒险考生的作文因词汇和语法错误多而扣分多。此外,只有作文篇幅和错误率与整体性作文评分的结果显著相关,才能说明评分员运用整体性评分方法评阅作文时,语言流畅度与准确度是他们评价构念中的显著要素。

5.4.2.5 讨论与启示

该研究的结论与前人研究并不一致。比如词汇多元性和复杂度以及句法复杂度并没有影响考生得分。研究者也给出了合理的解释,比如该研究中的被试水平较低,均分没有达到CET 4的及格线,因此哪怕被试采取了冒险策略,其语言复杂度也不足以引起评分者注意,反而因为过多的错误而带来负面影响。

在文本特征整理过程中,研究者发现大量论文在内容和格式上都极其接近,给评分员留下的区分空间不大。研究者推断过于严格的提示语规定可能不利于测评不同语篇层级的写作技能,比如少有考生偏离作文主题或者少有作文没有焦点。研究者认为在基于印象评分时,表面特征对评分员影响不大,评分员主要基于语言准确性打分。

基于可能的防御策略的负面影响,研究者给课堂教师提出了一些建议,将该研究的反拨效应结论与教学实践结合起来展开探讨。

评析:每项研究或多或少都有其局限性,比如样本的代表性、被忽视的某个变量的影响以及纯统计意义上的概率结果等。该研究结论与以往不同,一方面反映了抽样的重要性,另一方面体现了复制类研究的必要性。

该研究的抽样人群内部同质性高，相对以往研究的抽样人群比较极端（都属于相对低水平的考生）。这种能力分布的值域限制也会影响相关系数和回归系数的结果。这种取样本身并不构成该研究的局限性，因为教学的一个重要原则就是因材施教。关注课堂教学的反拨效应研究，其价值也不在于结果的无限外推性。我们认为与其试图代表所有人，不如聚焦具体环境。环境中的同质性因素其实也可以利用，以更高效地服务本地教学。

研究者对考生答题和评分员评分特点的分析也为考试开发者提供了信息，有助于改进命题，比如提供更好的语篇层级写作技能测试机会等。然而，研究者也提出，因学生未跑题以及评分员可能主要基于准确度来打分，基于此断定CET 4写作测试未考查大纲中提及的其他标准这一结论不够准确。毕竟该研究没有直接探索评分员心理和评分过程。而作为评估结果，考生达到了大学写作教学的目标，能够聚焦并把握基本作文框架构成，这本应该是被认可的教育结果。这也反映了评估类研究经常面临的尴尬：尽管达到了预期目标，但没有什么意外的结果，这些评估论文是否就没有价值或不值得发表？

此外，基于防御策略与考分有统计意义上的显著关系，就认为考生是且会盲目选择防御策略，这种结论不合理。相关不等于因果，整体特质倾向上的相关不等于具体事件上的抉择。在考试中到底会采取防御策略还是冒险策略可能更多是基于对自己常规能力的判断以及现场情境的评估。

研究者最后结合可能的策略使用原因和结论提出了一些课堂教学建议，这些是反拨效应研究的主要价值所在。测试作为教学的构成部分，对测试的研究终归是要服务教学的，无论其服务是直接的还是间接的。

5.5 定量研究方法的不足

细心的读者可能已经发现，本章频繁提及"因果推断"一词。这是因为语言测试反拨效应研究的目的往往是探索某考试政策对众多利益相关人群及其环境的影响。更重要的是，反拨效应研究的目的不应该止步于发现，而是要指导下一步的实践。准确判定因果关系是一个严肃的问题。从社会层面来说，教育决策会影响大量财政资源的分配；从个人层面来说，师生的时间不断流逝，课堂中的每一个决策都在潜移默化地影响着学生的成长（金艳、孙杭 2020），且无法重来。定量研究虽然在样本量上让人印象深刻，但也可能会因其样本声势而掩盖某些具体环节上的不足。此外，由于很多测量指标都是间接的信息，因此以定量分析为主来推断因果关系时，误差是不可避免的。在使用定量研究方法时，要尽可能使用最新的方法论技术来提高数据和数据分析的质量，同时也要保证方法与目标的匹配度。对新模型的关注程度也应以克服某项研究的关键挑战及其与研究目的的逻辑相关性和一致性为主要判断标准。

当研究数据包含了所有相关变量且分析方法得当时，定量研究的结论大概率与定性研究一致。不过，在实际研究中，准实验研究和非实验研究常常基于事后观察数据，而研究者和业界当下的认识不一定足够全面，即"因果估计的信念取决于没有缺失混杂因素这个假设的可信度"（Liu *et al.* 2021：24）。可以说，已有的因果推断都是有限条件下的结论。随着理论认识和技术手段的发展，一定会出现新的话题，甚至可能有颠覆整个领域的发现。基于这一认识论观点，我们认为广泛的重复研究和交叉验证对于语言测试反拨效应研究必不可少。此外，保持开放的态度，鼓励不同学科的合作探索也是进一步侦测缺失变量，完善因果判定的方法。

不同角度的探索既包括跨学科的合作与交流，也包括跨范式的方法论运用。定量与定性的二分法有助于教学，但在实践中很少见到单纯的定量或者定性研究（Bergman 2008）。混合方法更有助于全面认识事物的本质（Brown *et al.* 2021），这也是判定语言测试反拨效应更加合理的手段。我们将在第六章详细介绍混合研究方法在语言测试反拨效应研究中的应用。

第六章 反拨效应混合研究方法

　　"混合研究"这一名称传递出了这类研究的关键：混与合。这类研究方法不仅可以融合定性和定量研究的要素与特色，还体现了一种不同的哲学态度，即我们对于事物的认识不能拘泥于一个角度，要考虑事物的多面性，因此有必要整合多种研究方法。也因为事物的多面性，整合不同方法会面临很多挑战，比如增加数据收集和分析的难度，以及产生额外的混淆因素进而增加解读难度等。有的研究有混无合，有的研究混与合貌合神离。要真正发挥混合研究的价值，就必须理解混合研究的特点以及实践中与之有关的常见问题。

6.1　混合研究方法的定义与特点

　　2007年，《混合研究》(*Journal of Mixed Methods Research*) 创刊，这标志着一个新的研究范式的确立。创刊词中对于混合研究的定义如下：

　　　　"为尽可能全面，我们此处将混合方法 (mixed methods) 宽泛地定义为在一项专题研究或者探究项目中同时采取定量和定性的

角度或方法来收集数据、分析数据、整合结果并作出推断的研究
（research）。"

（Tashakkori & Creswell 2007：4）

该定义强调了定量与定性的结合，并指出在研究设计、数据分析以及证据解读等多个步骤中进行混合的可能性。随着实践的进展，这个概念逐渐扩展，也出现了更加完善的理论指导（如Fetters & Molina-Azorin 2017；Tashakkori *et al.* 2021）。表6.1归纳了几个相关学科对于混合研究方法的定义，体现了该方法论的显著特征。

表 6.1　混合研究方法的定义

学科	代表性文献	定义
教育学	Creswell & Creswell (2018)	"一种混合了量化数据和质性数据来探究问题的研究方法。这种探究方法融合两种形式的数据，并综合运用源自不同哲学假设和理论框架的设计方案。这种探究方法的核心假设是：质性和量化数据的综合运用可以提供比单独使用其中一种数据更丰富的见解。"（p.41-42）
社会学	Leavy (2017)	"混合研究（mixed methods research，简称MMR）是指在一个研究项目中收集、分析并以某种方式来整合定性和定量数据的研究。项目的不同阶段构成一个融合共进的整体，有时是定量阶段影响着定性阶段，有时反之（Hesse-Biber 2010；Hesse-Biber & Leavy 2011）。由于整合了定量和定性数据，混合研究可能带来有关该现象的更深入的理解。如果目标是描述、解释或评估，那么混合研究方法通常适用。混合研究常常用于社会学和行为科学的应用研究中，包括那些旨在引发团体变化和社会行动的研究。"（p.9）
心理学	Coolican (2019)	"一种在同一个研究项目的不同阶段合并使用定量和定性方法的方法。"（p.59） "一类同时使用定量和定性方法来回应同一研究不同方面问题的研究。"（p.293）

不过，对于很多研究者来说，混合研究是一个模糊的名词。常用的英文术语是mixed methods research（MMR），但也有学者提出应该采用mixed research（MR）一词。因为作为一种范式，混合研究不仅包括具体方法的混合，也包括哲学流派和方法论的混合（Johnson & Christensen 2017）。混合研究与另一术语——多重方法研究（multimethod studies）——也很容易混淆。它们的区别在于前者强调质性和量化研究共存并用，后者只是方法不同但方法论角度单一的交叉验证（Mertens 2010；Teddlie & Tashakkori 2009）。近期文献中还出现了兼顾二者的表述，如"多重方法混合研究"（multimethod and mixed methods research，简称MMMR）（Hesse-Biber & Johnson 2015）等。此外，对于热衷量化建模的人群来说，混合研究一词还会迅速激活一种特定的统计模型——混合方差（mixed ANOVA）分析——的有关联想。众多名词增加了实践沟通中的困惑，也反映了混合研究设计的多样性。

我们认可混合研究为第三种研究范式（Johnson & Onwuegbuzie 2004），但并不止步于重复前两章的内容，因此决定以MR这一英语缩略语来指代它，并将以最宽泛的方式介绍MR的相关要素以及它们在研究中的可能位置和作用。因行文需要，我们会交替使用"混合研究""混合方法"或"混合研究方法"，读者不必过度解读这几个中文译语在本书中的差异。

6.2 混合研究方法的类别与要素

定性、定量与混合研究设计在多个维度都有所不同，表6.2基于Teddlie & Tashakkori（2009）的思路，筛选了一些主要特征辅助理解这些区别。

表 6.2　三种研究设计的主要特征对比（改编自 Teddlie & Tashakkori 2009：28）

对比维度	研究设计		
	定性研究	定量研究	混合研究
范式	建构主义等	实证主义； 后实证主义	实用主义； 转换视角
数据类型	一般为描述类	一般为数字类	描述类加数字类
研究目的	一般为探索加 验证	一般为验证加探索	验证加探索
理论角色；逻辑	扎根理论； 归纳	基于概念框架或理论； 假设–演绎模型	归纳与演绎； 归纳–演绎研究循环
典型研究或设计	人种志； 个案研究	相关性研究； 问卷调研； 实验设计； 准实验设计	混合设计，如平行混合 设计和序列混合设计
取样	大部分为目的 取样	大部分为概率抽样	概率抽样； 目的取样； 混合取样
数据分析	主题策略； 分类加情境化	描述性统计以及推断性 统计	主题分析加统计分析； 数据转换
效度／信度	可信度； 可靠性； 可迁移性	内部效度； 外部效度	推论的质量； 推论的可迁移性

　　作为实用主义的拥趸，支持混合研究的学者们主张综合运用多种数据类型、灵活的逻辑论证以及多样的数据分析来回答更宽广和更复杂的问题，这也就意味着混合可能发生在设计、数据收集或分析的各个阶段。

6.2.1　混合研究设计

Johnson & Onwuegbuzie（2004）列举了八种常见的研究设计（见图 6.1），其中六种都属于混合研究。

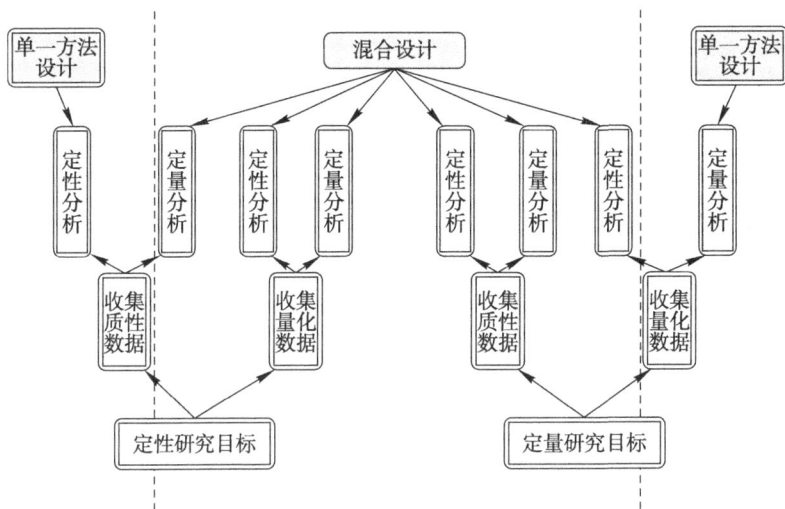

图 6.1　八种常见的研究设计（改编自 Johnson & Onwuegbuzie 2004）

针对这些复杂设计，一些辅助沟通与交流的术语也应运而生。Morse（1991）提出了一套符号（notation）系统，该系统用大写字母来突出研究导向，用小写字母体现辅助性特征，用箭头表达研究方法的使用次序，加号则表示同时使用。比如：QUAN + qual 表明该研究以定量研究为主，以定性研究为辅，但二者会被同时使用；QUAL→quan表示该研究以定性研究为主且始于定性研究，后期收集定量证据来交叉验证，两种方法不是同时使用，地位也不同。

Johnson & Onwuegbuzie（2004）正式明确了混合研究的两个维度——主导地位与次序，并借用Morse（1991）的符号系统扩展出更多混合研究设计表达，比如：

- QUAN + QUAL
- QUAN→QUAL

- QUAL→QUAN
- QUAL + quan
- QUAN + qual
- QUAL→quan→qual→QUAN
- QUAN→qual→quan→QUAL

混合研究不断发展，这个清单也在不断丰富中。Teddlie & Tashakkori（2009）的合著是目前较全面的方法论类型学著作，该著作提出了一个体现混合方法研究特征的方法–组成类型矩阵（the methods-strands matrix）（见图 6.2）。

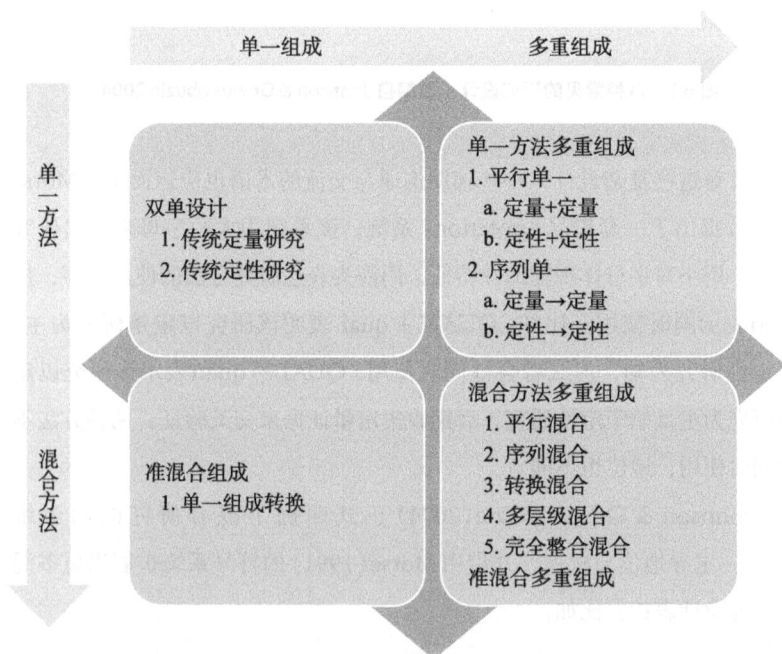

图 6.2　方法–组成类型矩阵（改编自 Teddlie & Tashakkori 2009）

这个矩阵从混合阶段、混合目的以及混合与准混合三个方面作出了更细致的区分。

混合研究在很多教材中被介绍为第三种"范式",但现实中的研究类型更适宜放在一个连续性量表上来看(Tashakkori *et al.* 2021),因为它们大多本就包括了传统意义上的定量和定性研究要素。此外,不同阶段、不同目的以及不同程度的混合会产生不同效果,我们可以借助方法−组成类型矩阵来理解具体的混合研究特色,评估其研究质量和效度。

6.2.1.1　基于混合阶段的分类

混合可以发生在三个阶段:概念构建阶段(conceptualization stage)、过程阶段(experiential stage)以及推断阶段(inferential stage)(Teddlie & Tashakkori 2009)。

概念构建阶段是研究目的和研究问题的界定阶段。基于不同认识论的探究适宜不同的方法论思路,而这也影响着研究实施的路径、导向和特征。这一点在前两章中的样例评析中已有展示。

过程阶段包括方法论阶段(methodological stage)和分析阶段(analytical stage),指具体的研究操作以及数据收集与分析等。这个阶段的数据处理涉及三个关键词:数据转换(data conversion/transformation)、量化(quantizing)和质性化(qualitizing)。

过程阶段的混合特色在于,收集到的某种原始数据完全可以转换成另一种形式的数据来参与分析,比如将访谈话语或者档案信息编码归类,然后计算相关类别的频率,这是将质性数据进行量化转换的例子。还有更复杂的量化转换,如观察所有教师在课堂中的非正式测评行为,然后基于此,从教师实施测评的语速、测评内容的认知复杂度、教师用语体现出的情感态度、为学生提供的是隐性反馈还是显性反馈等各种角度,赋值得出多个行为变量分,最后进行复杂的统计分析。

与量化转换相反的是质性化转换,比如对李克特式问卷中的秩序量表数据进行降维，用探索性因素分析提取因子，然后解释并定义条目所体现的潜在构念。另一个质性化转换例子是对各类语言障碍的判别，比如，将所有被试的语言能力和行为分模块一一量化检测，然后研究者基于不同模块的结果分类，描绘出不同类型语言障碍的典型特征模式（Wang *et al.* 2021）。

推断阶段的混合融合基于不同数据的结论，评估它们的关系和质量。这些结论可能一致，也可能不一致。对这些推断质量（inference quality）进行评估时，一方面可以验证之前研究步骤的质量，另一方面也可能出现超越（transcendence），诞生新的更高层级的理论（Tashakkori & Newman 2023）。

6.2.1.2　基于混合目的的分类

采用混合研究是为了更好地达到研究目的。这些目的可以用七个关键词来总结：互补（complementarity）、全面（completeness）、发展（development）、拓展（expansion）、确认/验证（corroboration/confirmation）、补偿（compensation）以及多元化（diversity）（Tashakkori & Newman 2023）。

互补指整合分别用定量和定性方法获得的角度各异但有关联的回答。全面指有效综合定量和定性导向的推断以获得更完整的认识。发展指按部就班的次序性规划，比如通过前期的访谈确定下一步量化研究的变量。拓展是基于前一步的结果（比如问卷中的"其他"选项的信息）来补充完善，以回答研究问题。确认/验证指综合运用各种方法，评估前期探索性推断的可靠性，并给出解释或验证。补偿强调的是发挥定量和定性研究各自不可替代的功能。多元化则旨在对照和比较对于同一现象的多样呈现。这几个关键词可以帮助研究者们确认自己的研究是不是混合研究以及混合的程度，也可以帮助读者评估某混合研究的详细程度及其结论的效度。

6.2.1.3 混合与准混合

Teddlie & Tashakkori（2009）提 出 的 准 混 合 设 计（quasi-mixed design）概念（见图6.2），特指那些看似拥有定量和定性两种数据但没有真正实现这两种数据融合的研究。这类研究包括两种：一种是单一组成转换，另一种是准混合多重组成。前者如将收集到的原有定性数据转换后进行定量分析，后者如就几百人的样本进行定量问卷测评后再开展有针对性的定性研究，然而后文的定性研究却只局限于基于几个人的访谈。Teddlie & Tashakkori（2009）认为这些设计不是完整意义上的混合研究，因为既没有实现真正的分析融合，也没有整合不同的推断结果。参照这个标准，现有的语言测试反拨效应研究还有很大的改进空间。

6.2.2 混合研究数据分析

混合研究的数据分析包含前面两章有关定性和定量数据分析的所有可能性。不过，基于混合发生的阶段，在进行数据分析前，还包含数据转换以及量化和质性化数据的预处理。这些数据处理其实就是一种编码过程，比如确定一个阈值，将超过某数值的作业量定性为高强度作业类别，将低于某数值的作业量定性为低强度作业类别等。这个数据可用在后面的量化分析中，作为一种组间变量来探讨测试的不同反拨效应，也可以作为一种删选标准，指导后续的研究进展。如何在不同的数据之间建立统计关系从而进行其他量化分析可以参看第五章中的介绍。

混合研究虽然能融合定量和定性研究的优点，但也可能带来这两个领域各自常见的混淆因素，进而导致分析偏误的增加，最终影响研究的信度和效度。这些都是混合研究实践者必须注意的问题，因此下文归纳了定性或定量研究中常见的混淆因素，作为运用混合研究方法时的特别提醒。

6.3　特别话题：混淆因素与偏误效应

反拨效应研究属于实证研究，必须基于证据来分析和解读。然而，证据的质量决定着推论的质量和可迁移性。研究的各个阶段都有可能带来证据偏误，比如Sackett（1979）就总结过七个研究阶段共56种常见偏误（bias），这些偏误关乎研究的内部效度、外部效度、可靠性或者可迁移度等。我们在此筛选了一些有关反拨效应研究的偏误来源，即混淆因素来源，归纳在表6.3中。

表6.3　常见偏误来源

术语	解释	参考文献*
选择 （selection）	选中的被试有某些特征使得研究天然倾向某种结果。	Campbell（1957）
测试 （testing）	被试记住了测试内容从而影响后面的测试结果。	
历史事件 （history）	研究过程中发生其他事件影响了研究结果。	
自然成长 （maturation）	被试随年龄增长出现的自然变化影响了研究结论。	
磨蚀 （mortality）	研究对象退出而无结果。另一个相关术语是流失（attrition）。	
实验扩散 （diffusion of treatment）	实验组和对照组的被试互相交流，影响了研究结果。相关术语还有辐射效应（radiation effect）等。	Cook & Campbell（1979）；Good & Brophy（1974）；Withall（1956）
光环效应 （halo effect）	对于研究对象某方面的强烈正面印象影响了对他们其他方面的评价。相关术语还有逆光环效应（reverse-halo effect）和魔鬼效应（devil/horns effect）等。	Lammers *et al.*（2016）；Thorndike（1920）

（待续）

（续表）

术语	解释	参考文献 *
向平均回归（regression to the mean）	基于极端样本的实验结果不再极端并且呈现出实验变化。	Galton（1886）
霍桑效应（Hawthorn effect）	实验对象因为知道自己被观察而改变了行为，属于被试效应（subject effect）的一种。相关术语还有观察者效应（observer effect）和回应效应（reactivity effect）等。	Cook（1962）; Hart（1943）; Zegiob et al.（1975）
约翰·亨利效应（John Henry effect）	对照组决心与实验组比拼，格外努力，从而影响了实验效果，亦称补偿性竞争（compensatory rivalry）。如果对照组觉得受到轻视而越发不努力，就形成了另一种效应，即补偿性消沉（compensatory demoralization）。	Ary et al.（2019）; Cook & Campbell（1979）; Saretsky（1972）
社会迎合（social desirability）	研究对象为了自我欺骗或维护形象而作出符合社会预期的虚假回答。访谈和问卷结果都可能因此受到影响。	Edwards（1957）; Gordon（1951）
默认回应偏见（acquiescence responding bias）	研究对象在回答时，偏向选择赞同。在问卷调研或者能力自评时需注意此问题。默认偏见的程度与文化氛围、教育水平、性格等有关。相关术语还有和气（agreement）和认同回应（agreeing response）等。	Couch & Keniston（1960）; Cronbach（1946，1950）

* 有些术语很难追溯到最早来源。比如Gordon（1951）在介绍socially acceptable alternatives时，非常清楚地解释了社会迎合效应，但他没有提social desirability一词。表中所给文献是明确提出该术语的最早文献或者是业界比较认可的溯源文献。

  表6.3中的各种效应也被称为混淆因素（confounding factors），它们可能出现在研究的设计、实施、数据分析或解读等不同阶段。有的源自研究对象（如社会迎合效应），有的源自研究者（如光环效应），有的可以预先避免（如选择效应），有的只能事后识别（如历史事件）。研究者可以采取一定的措施来避免或减少部分影响，并需要向读者指明研究的局限性，以辅助研究

结果的正确应用。关于如何采取措施来减少或避免这些影响，可以参阅 Ary *et al.*（2019）以及 Creswell & Creswell（2018）提供的更详细的讲解。

6.4　语言测试反拨效应研究中的应用与范例评析

6.4.1　混合研究方法应用现状

至此，我们从常规研究范式的角度分别介绍了与反拨效应有关的定性、定量以及混合研究方法的类型和要素。在此，有必要提及另外一组术语：基础研究、应用研究与评估研究。反拨效应研究有典型的评估研究特点，因为它的目的是明确某种测试方法和政策是否改变了真实的教育活动。如果改变了，那么它是怎样改变的？为什么会发生这种改变（Patton 2018）？

反拨效应研究需要基于科学的方法，但也带有价值倾向，而且后者往往也是测试规划中的组成部分（Jin 2022 b）。随着人工智能技术的发展，基于均值和平均模式的量化数据和结论将能轻松获取。但它们对于因材施教、全人教育以及我们理解每个个体在成长过程中作出的抉择，帮助不大。考试对于具体行动在具体环境中的影响应该成为反拨效应研究的重要目标，相关证据也更适合通过混合研究方法来收集并检验。

混合研究方法在众多学科领域已经得到广泛应用，一些教材中也包含了大量的案例介绍和分析（如 Mertens 2010），不过对语言测试反拨效应的混合研究介绍不多。此外，国内基于全国大学英语四、六级考试和全国高等学校英语专业四、八级考试的反拨效应研究比较多，这可能与这类数据的可及性、相关研究人员的科研素养以及语言测试学科的受众和传统有关。但随着众多高校压缩英语学时，况且基础教育阶段是品质和习惯养成的关键阶段，更多反拨效应研究应该关注大学前的英语测评与教学。该时期的外语教学时间长，过程性评价与形成性评价更加频繁，对于思维习惯的培养显著优于进入大学阶段后常见的选拔性和终结性考评。我们选取了一篇针对我国外语高考改革模式的反拨效应研究，希望能引导更多人关注基础教育阶段的反拨效应，推动我国测试更好地遵循人的心智发展规律和事实来设计，减少其负面效应的累积。该案例是一个混合研究的案例，虽然我们会谈及该研究中的一些不足，但选择该案例并不是为了批评。

6.4.2　混合研究实证案例评析：一年多考高考政策对于英语教学的反拨效应

6.4.2.1　研究背景

陈艳君等（2018）指出，高考在我国的影响巨大，但相关反拨效应研究太少（邹申、董曼霞 2014）。在早期的研究中，有的发现了正面反拨效应（Li 1990），有的则没有（亓鲁霞 2007）。一些因素，如考试环境、考生特点以及考试策略等会随时间发生变化，并影响高考正面反拨效应的发挥，因而也需结合当下的环境不断跟进研究。2016年，我国启动新一轮高考综合改革试点，英语学科在浙江省和上海市开始一年两考。但新一轮改革成效到底如何，给外语教与学到底带来了怎样的反拨效应，这是一个需要实证检验的话题。

评析：该研究的目标人群规模较大，相关考试政策也无法随机分配，因此基于问卷调研的观察类定量研究是首选的高效研究设计。该研究也使用了问卷调研，同时辅以访谈。研究者将该研究方法归为定量与定性方法的结合。该研究是混合研究的一种，但是以定量为主。

6.4.2.2　研究问题

该研究聚焦英语学科，抽样调查了一年两考政策对于浙江省高三教师和学生的影响。原文研究问题如下：

　　a. 一年两考对外语教师的教学产生哪些反拨效应？

　　b. 一年两考对学生的外语学习产生哪些反拨效应？

　　c. 一年两考所期待的反拨效应与实际教学过程中发挥的效力在多大程度上契合？

评析："哪些"带有探索性研究特征，"契合"表明了验证性特征。该研究使用了探索性因素分析来判定问卷条目的因子结构，并对比高考的指导性原则做了部分交叉验证分析。后文介绍表明，问卷中的陈述条目是在对试测的内容进行分析后确定的。这里提到的探索性因素分析是指对已确定的问卷陈述语进行因子结构的探索，是定量研究中的模型术语，而不是有些读者可能会期待的、基于扎根理论确定反拨效应表现形式的定性研究。验证部分主要针对两条："增加学生的选择性，分散学生的考试压力"和"促进学生健康成长和全面而有个性的发展"（陈艳君等 2018：84）。前者借助问卷中的条目均值和访谈话语进行了交叉验证，后者主要引用访谈话语来论述。

6.4.2.3　样本、工具与方法

该研究的总体对象是浙江省第一批参与一年两考模式改革的高中教师与高三学生。为了确保样本的代表性，研究者基于研究目的选择了四种学校类别，包括一所市重点高中、两所普通公立高中、一所私立高中以及一所乡镇普通高中。他们向79位教师和710名学生发放了问卷。研究工具包括两套基于李克特五级量表的调查问卷以及有提纲的半结构性访谈。问卷条目和访谈提纲都针对教师和学生分别设计，并在试测后进行了调整和细化。教师问卷的回收率和有效率都是100％，而学生问卷的回收率为100％，有效率为95.21％。研究者汇报了两套问卷的整体克伦巴赫系数，教师问卷为0.946，学生问卷为0.893。基于探索性因素分析，他们从教师问卷中提取出三个因子，并分别命名为"政策评价"（8道题）、"政策对于教的影响"（6道题）以及"政策对于学的影响"（3道题）；从学生问卷中提取出了两个因子，并分别命名为"政策对学的影响"（9道题）以及"对一年两考政策的评价"（5道题）。

评析：该研究虽然没有汇报具体的抽样设计和学校以及师生的抽样比例，但是有目的地选择了代表性学校，因此可以归为目的取样。问卷和访

谈大纲均经过试测，并汇报了回收率、有效率以及克伦巴赫系数等，这些都是支撑该研究信度和效度的较好证据。不过该研究没有汇报建模过程中的正交或斜交选择，也缺乏模型拟合度评估等统计数字。这些也是该类统计建模的决策依据和效度证据，所以一般建议在研究中汇报。该研究采用了探索性因素分析，但要得出"因子的锚定与问卷设计初衷基本吻合"的评估结果，更适宜采用的是验证性因子分析（Jöreskog 1969），或是探索性结构方程模型（Asparouhov & Muthén 2009）。如果能辅以定性证据，比如将二者的特征进行对比分析，该结论将更有说服力。

6.4.2.4 结果解读

研究者从教师和学生两种视角，基于问卷选项的均值和访谈话语，依次汇报对应教师问卷三个因子和学生问卷两个因子的相关结论。

对问题a的回答：

教师们认为一年两考政策主要对教学进度安排和教学内容组织方面产生了影响。为了应对10月份的考试，教师们将第一轮高考复习提前，但因此感觉很不适应。他们认为时间仓促、教学不踏实。由于改革后的写作分值增加，题型更为多样，因此教师们更加重视写作训练。这对语言应用能力的培养起到了积极的反拨效应，但也增加了教师们的压力和焦虑。

对问题b的回答：

一年两考政策对于学生学习的影响主要体现在两个方面，一是学习内容与备考安排，二是对考试焦虑度的影响。学生的学习基本按照教师的教学节奏展开，主要围绕读与写。与教师们的感受一样，学生们也觉得改革没有减少备考投入。外语的授课密度加大，反而造成了学习负担的增加。

不过在焦虑问题上，教师与学生们的认识稍有不同。教师们感觉自己的职业压力加大了，推己及人地认为学生们也更焦虑；但学生们认为考试机会增加了，由考试带来的压力与焦虑有所减少。这些在问卷回答的均值和访谈话语中都得到了印证。

对问题c的回答:

对于"增加学生的选择性,分散学生的考试压力"这个指导性原则,研究者发现政策实施效果与预期相符。不过,教师和学生都是不遗余力地备考,因此教师们认为考试时间设置在10月份不合适,主要是因为这会打乱英语教学的总体安排,导致教师的职业压力和学生的学业负担都增加。

对于"促进学生健康成长和全面而有个性的发展"这个素质教育目标,研究者发现该次浙江省外语科目的改革的确对增强学生的语言运用能力起到了正面反拨效应,契合改革的初衷。但没有包括口语测评这一点则对高中阶段的口语教学产生了一定的负面影响,比如学生在访谈中提到口语练习比较少。

评析: 该研究中收集的数据比较明确地回答了三个研究问题。不过由于抽样的局限性,结论的外推性和外部效度有限。效应量、可选统计模型的对比决策依据以及建模过程中的评估都是定量分析的效度证据来源。就这点而言,该研究尚有不足。但该研究不是量表开发或者反拨效应理论建模之类的研究,而是对于具体政策实施效果的评估和分析,并且采用混合研究方法将考试指导原则与课堂实际行为联系起来,这些都是我们想强调的应用话题,这也是本章选择该案例的重要价值所在。毕竟要研究测试对课堂教学的影响,就必须倾听身处其中的师生的声音。对语言能力构成或者效度理论等的研究固然重要,但反拨效应研究也应关注更具体的问题和日常行为。对于这类研究目标来说,混合方法,尤其是侧重个性化或深入溯源的定性方法可能更有益。

6.5 混合研究方法的挑战

混合研究方法是一种更完备的研究方法。相比纯粹的定性或者定量研究,混合研究的初衷是实现优势互补,但这也意味着研究者需要具备更扎实和更广博的方法论基础，同时具备对于关键问题的敏感度和判断力。研究者既要能读懂量化数据中的信息，也要有深耕相关领域的实质性理论和实践经验，否则很难准确解读数据并合理排除其他可能性。一旦缺乏任何一方面的能力，方法的混合就可能会变成掩盖研究不足的表面工作。这就是Teddlie & Tashakkori（2009）提出准混合设计这一概念的主要原因。两种方法的结合能否带来真正的整合和增值（谢爱磊等 2024）更是影响着混合研究方法的实践价值，毕竟混合方法的投入远大于单一方法研究的投入。

李刚、王红蕾（2016）撰文总结过混合研究中的几大困境，包括资料搜集与分析困境、资料转译困境、结论整合困境与推论质量评价困境。这些在前文中基本都有讲解。应对结论整合困境的办法可以是多方位、多维度的交叉验证，而对于推论质量评价困境，目前则缺乏统一的体系。这些挑战也是Alise & Teddlie（2010）以及李刚、王红蕾（2016）提到的已发表的期刊论文和博士论文虽然具备混合方法的特征，但在应用上却存在不完整、不充分现象的部分原因。

混合研究的发展态势是理论越来越深入，新的术语和研究话题也不断涌现，因此必将出现更多升华到认识论、本体论等哲学领域的探讨。Staller & Chen（2020）是定性研究领域的代表性学者。Teddlie & Tashakkori（2009）也展示了当下混合研究学界的理论高度。不过对于广大应用型研究人员来说，必须牢记的基本原则就是：所有的方法都要服务于研究目的。因此只要有助于回答研究问题，大可以创造性地运用各种方法和要素，包括在必要时回归简洁、朴素甚至单一而非混合的设计与模型。

第七章 | 地区性语言考试的反拨效应实证研究[1]

在第四至六章中，我们已经从研究方法的视角引介了一些语言测试反拨效应实证研究。本章将聚焦有较大影响力的中国大规模英语语言测试项目，从相对宏观的视角，分析研究者对反拨效应概念的理解，对研究理论及框架、实验设计和研究结果等的阐释，回顾语言测试反拨效应的一些实证研究案例，并探讨案例分析对反拨效应研究的启示。本章所选用的研究案例主要来自学术专著、核心刊物上发表的研究性论文以及硕博士论文。需要特别指出的是，本章呈现的不是一个完整的文献搜索结果，而仅仅是从我们查询并获得的文献资料中挑选的具有一定典型性或代表性的若干案例。

7.1 案例选择

在选择地方性语言考试研究案例时，我们重点关注了几个在中国具

---

1 "地区性语言考试"（local language tests）是指面向特定地区的语言学习者或使用者的考试，通常由该地区的考试机构或研究团队负责开发和实施。相比于"国际化语言考试"（international language tests，详见第八章），地区性语言考试更侧重于特定地区语言学习者或使用者的交际需求以及文化和教育背景。

有较大影响力的语言测试项目。同时，我们考虑的因素有考试目的、成果发表的时间、研究主题等。所选测试项目均为以英语为外语的考试，按考试目的分为：1) 入学考试 (如高考)；2) 毕业考试 (如香港中学文凭考试)；3) 教学考试 (如全国大学英语四、六级考试和全国高等学校英语专业四、八级考试)；4) 面向特定群体的考试 (如教师英语水平测试)；5) 面向公众的等级考试 (如全国英语等级考试、英语能力分级检定测验)。从成果发表的时间上看，所选案例主要是21世纪初以来开展的研究。反拨效应研究的主题丰富，包括考试对教学和学习的影响、反拨效应产生的机制、利益相关者对考试的看法以及他们的看法对学生的学习和备考产生的影响、考试对教育政策的影响等。地区性大规模英语考试反拨效应研究案例汇总见表7.1，考试名称的中文名称以及英文全称和简称见表7.2。

表 7.1　地区性大规模英语考试反拨效应研究案例

考试项目	研究主题	研究成果
高考英语	对高中英语教学的影响	Dong (2020)；Qi (2004)；董曼霞 (2020)；亓鲁霞 (2004)
香港中学会考英语校本评核*	对考试的观点和态度与学习和备考	Cheng *et al.* (2011)
全国大学英语四、六级考试；全国高等学校英语专业四、八级考试	对大学英语教学的影响	辜向东 (2007a，2007b)；辜向东等 (2014)
	备考和反拨效应机制	Xie & Andrews (2013)
	对英语专业教学的影响	Xu & Liu (2018)；Zou & Xu (2017)
教师英语水平测试	考试对教师发展的影响	Coniam *et al.* (2018a，2018b)
英语能力分级检定测验	对教育政策制定的影响	Shih (2010)；Wu & Lee (2017)
	对课程的影响	Hung & Huang (2019)
全国英语等级考试	口试对教学的影响	高怀勇等 (2014)

* 香港中学会考于2012年被香港中学文凭考试取代，但该考试保留了英语科目的校本评核。为便于阅读，本书采用"香港中学会考英语校本评核"这一考试名称。

表7.2　地区性大规模英语考试名称（汉英对照及英文简称）

考试名称	英文全称	简称
高考英语	National Matriculation English Test	NMET
香港中学会考英语校本评核	School-Based Assessment of HKCEE English	SBA
全国大学英语四、六级考试	College English Test Band 4	
	College English Test Spoken English Test Band 4	CET 4
		CET-SET 4
	College English Test Band 6	CET 6
	College English Test Spoken English Test Band 6	CET-SET 6
全国高等学校英语专业四、八级考试	Test for English Majors Band 4	TEM 4
	Test for English Majors Band 4 - Oral	TEM 4 -Oral
	Test for English Majors Band 8	TEM 8
	Test for English Majors Band 8 - Oral	TEM 8 -Oral
教师英语水平测试	Language Proficiency Assessment for Teachers of English	LPATE
英语能力分级检定测验	General English Proficiency Test	GEPT
全国英语等级考试	Public English Testing System	PETS

7.2　分析框架

为了全面、系统地开展案例分析，我们根据本书第一至六章对反拨效应理论和研究方法的回顾，从以下五个方面阐述、分析和评价大规模语言测试反拨效应研究的案例。

第一，核心概念。基于第二章反拨效应与效度理论的回顾，我们分析研究者对"反拨效应"的定义，对反拨效应与考试效度之间关系的理解，以及对考试的"预期效果"等相关概念的阐释。

第二，理论框架。基于第三章反拨效应研究框架的回顾，我们分析研究所引荐或搭建的理论框架以及该框架对研究的适用性。

第三，研究问题。如考试对教学的哪些方面产生影响，反拨效应产生的机制，利益相关者对考试的看法给备考带来的影响等。

第四，研究设计。基于第四至六章研究方法的归纳总结，我们分析研究所采用的主要方法，包括数据类型、采集方式、分析方法等。

第五，主要结论。我们根据研究问题，报告各项研究的主要发现和结论。

我们在运用该框架开展案例分析时，重点突出每项研究的特点，避免内容上的重复，同时尽量做到客观，避免引入主观推断。在最后的总结部分，我们提出这些案例分析给反拨效应研究带来的启示。

7.3 案例分析

7.3.1 高考英语

高考一直是我国备受关注的一项大规模考试。自1977年恢复高校录取招生考试制度以来，每年数以百万甚至千万计的高中毕业生参加考试，努力实现上大学或上一个好大学的愿望。亓鲁霞探索了全国统一实施的高考英语（NMET）对高中英语教学改革的反拨效应（Qi 2004；亓鲁霞 2004）。Qi（2004：19）将预期反拨作用（intended washback）定义为："考试设计者喜欢且期待能够通过考试实施引入课堂的教和学的方法。"这一定义包含了一个重要观点：反拨作用研究需要关注考试设计者希望考试对教学产生良好反拨作用的意愿能否实现。研究者"不能仅记录考试如何影响教师和学生，而是需要深入探究考试设计者的意图，了解他们希望通过考试实现的反拨作用以及这些意图是如何实现的"（Qi 2004：64）。Qi（2004：64）进一步解释，产生反拨作用的机制涉及"施加影响者"（the influencer，即考试设计者和他们所实施的考试）和"被影响者"（the influenced，即考试使用者，包括教师和学生），研究者需要同时关注这两个群体，调查他们的意图、信念和行为。

在实证研究中，研究者从预期反拨作用角度，提出一个总体研究问题：NMET能否按照设计者的意图促进高中英语教学？这一总体问题可以拆分为四个具体方面进行探究：1）NMET设计者和命题人员的意图是什么？2）NMET设计者和命题人员在考试中采取什么措施向教师和学生传达自己的意图？3）中学英语教学的现状如何？4）中学英语教学现状与考试人员的意图是否吻合？（亓鲁霞 2004：358）研究者通过访谈、观察、问卷调查、文件分析等多种途径，采集了质性和量化的数据，包括高考设计或命题人员访谈（n=8）、教研员访谈（n=6）、教师访谈（n=10）、课堂观察（n=7）、教师问卷调查（n=378）、学生访谈（n=10）、学生问卷调查（n=976）以及相关考试和教学文件分析。

研究发现，从设计者和命题人员的意图来看，NMET的反拨作用十分有限。考试目的是促进教学改革，使英语教学的重点从学习语言知识转向培养语言运用能力。但是，中学英语教学现状依然是重知识、轻运用，通过题海战术进行应试教学。造成这种现象的原因主要有高风险考试的选拔、评价和促进功能之间的矛盾，也有教学目标、教学理念、学习目标、学习理念等方面的原因。Qi（2004）认为，NMET、教师培训和中学英语教学都需进一步改革，才有可能实现考试对教学的预期效应。基于该研究，Qi（2004）提出反拨作用基本模型。该模型认为，考试反拨作用是考试后果层面的效度（the consequential aspect of validity），考试的风险程度是反拨作用的最关键因素，考试对教和学的影响在很大程度上取决于考试的风险程度。教师、学生和教学等多重因素与考试风险交互作用，共同决定了考试的预期反拨作用能否实现。

再看一个近期的省市高考反拨效应研究案例。董曼霞探索了重庆市高考英语的反拨效应（Dong 2020；董曼霞 2020）。基于文献回顾，研究者将反拨效应界定为考试影响的一个方面，是考试对相应的教和学产生的影响，有显性和隐性两种表现方式。该研究聚焦的是重庆市高考英语对高中生英语学习的影响，包括学生对考试的认识及其影响因素、学习过程(学习动机、课堂学习和课后学习)和学习结果三个方面。研究者认为，反拨效应与考试效度没有必然的联系，效度不是产生积极反拨效应的充分条件。从理论框架来看，研究者从学生对考试的认识、学习过程、学习结果三个模块来论证高考英语对高中生英语学习的影响。而且，该研究把影响反拨效应的因素纳入研究范畴，把影响因素划分为考试因素、环境因素和个人因素，并特别指出这些因素相互影响、相互作用。

该研究采集的数据包括：问卷调查（n=3105）、学生访谈（n=6）、学习日志（n=33）和教师访谈（n=6）。研究发现，尽管学生对高考英语基本持肯定态度，但是考试对学习产生了负面影响，且负面影响大于正面影响，使学习带有很强的目的性和功利性。考试政策、考试设计和备考策略对学生的看法产生较大影响。考试对学生的学习动机、课堂活动、学习内容和材料、作业、课外活动等产生影响，且距离高考越近，考试的影响越大。考试在促进学生语言知识学习方面，尤其是在词汇知识上起到了积极作用，但对语言技能的提升相对较小，特别是对口语能力的促进作用最为有限。

7.3.2　香港中学会考英语校本评核

香港中学会考英语校本评核是一项比较特殊的高风险考试。SBA于2005—2006年开始实施，由专业团队设计，以校本考试的方式实施，由中学自行组织考试，教师给学生评分。SBA成绩占香港中学会考英语考试总分的15%。为保证考试的公平性，专业团队为教师提供培训，指导他们更有效地实施SBA。在SBA实施五年之后，Cheng *et al.*(2011)开展了SBA反拨效应研究。研究者指出，以往的反拨作用研究缺乏对学生的关注，Alderson & Wall(1993)提出的15项反拨效应假设中有八项与学生相关，但是有关这八项假设的实证研究匮乏。为此，该研究从学生和家长的视角来验证Alderson & Wall(1993)的反拨效应假设：1)SBA对不同英语水平和不同阶段的学生产生了什么影响？2）不同英语水平的学生和整个学生群体对SBA和其他考试的看法是否有差异？3）家长的社会/教育背景及其对SBA的看法是否影响他们对孩子的支持？4）家长对SBA的看法和给予孩子的支持是否影响孩子对SBA的看法和相关的学习活动？

　　该研究采用问卷调查，参加者是中国香港特别行政区两所中学的四年级学生（n=389）和这些学生的家长（n=315），其中一所中学实施的是英文教学，而另一所是中文教学。研究发现，尽管SBA与大规模考试大相径庭，考试设计者也希望通过这种新型的考试方式实现对教学更加良好的导向，但是，将学生群体作为一个整体来比较时，他们对SBA的看法与其他大规模考试并无显著差异。不过，不同英语水平的学生对SBA的看法有所不同：英语水平低的学生倾向认同SBA，而英语水平高的学生更加认同其他大规模考试。此外，家长的教育背景及其对SBA的了解和看法与他们给予孩子的支持相关；家长对SBA的了解和看法与孩子对SBA的看法和英语学习活动也都显著相关。该研究探索了一项创新的考试改革举措对学生和家长产生的影响以及这两方面影响之间的交互作用。

7.3.3　教学考试

　　在我国将英语作为外语的教学环境中，外语教学考试是具有中国特色的大规模语言测试。本节介绍两项历史较悠久的英语教学考试：全国大学英语四、六级考试（简称"四、六级考试"）和全国高等学校英语专业四、八级考试（简称"英语专业四、八级考试"）。这两项考试之所以被称为教学考试，是因为它们是大学英语和英语专业教学的有机组成部分，它们的测试目标与教学要求紧密关联，测试旨在推动教学要求的贯彻和实施。

7.3.3.1　全国大学英语四、六级考试

　　四、六级考试自1987年开始实施，面向所有在校大学生。考试目的包括两个方面：一是检测大学生经过一至两年的英语学习，其英语水平是否

达到了大学英语教学要求；二是发挥考试的反拨作用，推动大学阶段的英语教学（Zhang 2022；Zheng & Cheng 2008；金艳、杨惠中 2018；杨惠中 2003）。随着四、六级考试社会影响力的不断增强，国内外学者和研究生从不同的角度开展四、六级考试反拨效应实证研究，并产出了较多期刊论文、硕博士论文和专著。本节仅从考试对大学英语教学和测试、考试设计、用途与备考之间的关系以及考试反拨效应机制等视角，简要回顾相关研究。

辜向东（2007a）开展了为期四年（2002—2005年）的四、六级考试对大学英语教学的反拨效应研究。根据辜向东（2007b：119-120）对此项研究的概述，反拨效应在研究中的定义是"测试对其相应教学在学校范围内产生的影响"。因此，研究者聚焦了大学英语课堂教学以及影响教学的考试和其他因素。该研究基于文献回顾，建立了"大学英语四、六级考试（CET）反拨效应研究的基本模型"：参与者（participant）-认识（perception）-过程（process）-产出（product）。与Hughes（1993）和Bailey（1996）提出的反拨效应3P模型相比，该模型增加了考试相关人员对考试及其反拨效应的认识这一维度。具体研究问题是：1）四、六级考试相关人员对该考试及其反拨效应的看法如何？有何改进反拨效应的建议？2）四、六级考试对大学英语课堂教学的影响及其机制是什么？3）模拟试题质量如何？为何开展以考试为目的的强化训练？训练效果如何？4）四、六级考试对学生成绩有何影响？学生在四、六级考试中的写作和口试表现有何变化？5）四、六级考试之外的大学英语教学影响因素和机制是什么？研究方法包括课堂观察、问卷调查、访谈、考试数据分析、模拟试题分析，涉及391所院校的4500名考试相关人员（如学校领导、教师和学生）。研究发现，考试相关人员对考试和近期的改革措施评价高，认为考试对教学的正面影响远大于负面影响；同时，他们希望减少多项选择题的比例，将口试作为必考项目，并直接向教师报告考试数据。此外，他们认为考试不应该成为评估大学英语教学质量的唯一标准。考试对大学英语教学内容、进度、态度有较大影响，但对教学方法的影响较小。对模拟试题的研究发现，正常的课堂教学有助于学生取得好成绩，而模拟试题质量堪忧，强化培训不能取代正常教学。学生写作和口语能力有所提高，但是幅度较小。最后，研究者强调，四、六级考试只是大学英语教学影响因素中的一部分，其他因素主要包括生源、教师素质、领导对大学英语课程的重视程度等。

　　2004年之后，四、六级考试在考试内容、题型、计分等方面进行了改革，加强了对长对话、讲座、听写、快速阅读等能力的考核，减少了多项选择题，并全面改革了计分体制和成绩报道方式(金艳 2006)。在改革之后的反拨效应跟踪研究中，辜向东等(2014)进一步开展了为期四年(2007 — 2010年)的四、六级考试反拨效应研究。该研究提出了"CET反拨效应历时研究基本模型"，通过对比考试改革前后教师和学生对大学英语教学和考试的认识以及教与学的过程，探究四、六级考试改革的反拨效应及其产生机制。该研究聚焦以下六个方面：1)教师对大学英语教学和考试改革如何认识？2)学生对大学英语学习和考试改革如何认识？3)随着改革的推进，教师和学生的认识有何变化？4)考试改革对大学英语课堂教学有何影响？5)考试改革对大学英语课外学习有何影响？6)随着改革的推进，大学英语课堂教学有何变化？研究方法包括问卷调查、课堂观察、课堂教学视频分析、学生课外学习日志、访谈等。其中，问卷数据来自全国70多所高校的千余位教师和600多名学生；课堂教学视频来自全国20所高校的79个精品课堂。研究发现，与2002 — 2005年研究的结果相似，教师对四、六级考试改革措施都比较赞同，且认为考试对教学的正面影响远大于负面影响；教师普遍认为CET "是影响教学的一个次要因素"；影响教学的非考试因素包括"生源、师资水平、领导指导思想和重视程度、班级大小、教师待遇及课程设置"，还包括"学生学习风气、教材、教学工作量和教师科研任务等"(辜向东等 2014：501 - 502)。随着时间的推移，教师对四、六级考试各项改革措施的认可度逐年增加。而且，考试对重点院校的影响越来越小，对普通院校的影响仍然很大。学生投入阅读和听力的时间较多，这与四、六级考试的权重有关；课外练习也是以阅读和听力为主；学生对考试改革措施的了解程度一般，而且随着改革的推进，他们的了解程度并没有发生显著变化；大部分学生自发做真题和模拟题，只有少数学生会参加培训班；学生普遍反对将考试成绩与学位证书挂钩。四级考试与学位证书的关联程度远高于六级考试，因此四级考试对教师和学生的影响也比六级考试更大。此外，考试对教学的影响具有以下四个特点（辜向东等 2014: 504-505）："阶段性"，即备考活动相对集中在二年级，特别是考试前一个月左右，英语学习投入明显增加；"表面性"，如课程设置中增加了听力和快速阅读的内容，但是在教学实施过程中，这些增加的内容所分配到的教学时间很少；"隐性反拨效应"，如考试词汇在课堂内外讲解和练习频率最高，可能与考试对词汇知识的考核有关；"群体性"，如考试改革对教师产生的影响大于学生，对普通院校的影响大于重点院校，对女生的影响大于男生等。

Xie & Andrews（2013）探索了反拨效应的产生机制。该研究聚焦考试的设计和使用与其产生的反拨效应之间的关系。研究将备考视为考试对学习产生的反拨效应的一个特例，通过引入期望–价值动机理论（expectancy-value motivation theory），阐释四级考试的设计和使用对考生备考产生的影响。期望–价值动机理论认为，个体的选择和行为可以通过他们对自身在活动中能否有出色表现的信念以及他们对活动的重视程度来解释。为此，该研究提出两个问题：1）考生对考试设计和使用的看法是否对他们的备考产生影响？2）如果是，影响的方式和程度如何？在研究中，考生报告的备考行为包括考试分析、应试策略练习、技能训练、记忆、社会–情感策略。该研究采用结构方程模型验证两个概念模型：模型1假设考生对考试设计和使用的看法会通过两个动机因素（即期望和价值）影响他们的备考过程。模型2在模型1的基础上增加了两条路径，即考生对考试设计和使用的看法直接影响他们的备考过程。研究数据来自四级考试的870余名考生。在为期10周的备考开始时，研究者向考生发放考试看法的问卷；八周后，发放备考过程问卷。研究发现，考生对考试设计和使用的看法对他们的备考策略都有影响，其中，与考试设计相关的看法对备考影响更大；那些认同该考试是高风险考试、工具性用途为主要考试目的的考生更重视考试；对考试设计持积极态度的考生不仅更加重视考试，而且表现出更大的自信心。此外，更高的测试价值认同和考试成功期望共同提高了考生的备考投入度。该研究将期望–价值动机理论引入高风险考试的备考研究，对反拨效应机制探索具有很好的启示意义。

7.3.3.2　全国高等学校英语专业四、八级考试

英语专业四、八级考试是在教育部高等学校外语专业教学指导委员会的指导下开展的大规模考试，旨在评估本科英语专业学生的英语语言能力，并为教学提供反馈信息，促进英语专业教学大纲的贯彻和实施（Jin & Fan 2011）。英语专业四级考试（TEM 4）的对象为英语专业本科二年级学生。TEM 4于1990年开始实施，包含笔试和口试（TEM 4-Oral），其中，口试于1999年推出，并于每年六月举行。英语专业八级考试（TEM 8）的对象为英语专业本科四年级学生。TEM 8也包含笔试和口试（TEM 8-Oral），其中，TEM 8于1991年开始实施，于每年三月或四月举行，TEM 8-Oral在2003年推出，于每年十二月举行。

Xu & Liu（2018）开展了一项多阶段、大规模的TEM考试反拨效应研究。该研究通过针对教师、学生、教学管理者和考试设计者的问卷调查，结合相关资料分析、课堂观察和访谈，探索了TEM对英语专业教学产生的影响以及这些影响的产生机制。问卷数据来自TEM 4教师（n=3574）、TEM 8教师（n=3222）、TEM 4学生（n=11033）、TEM 8学生（n=6863）、TEM 4教学管理者（n=786）、TEM 8教学管理者（n=724）和考试设计者（n=5）。问卷调查发现，所有参与者对TEM都有较高的熟悉度，不过他们对TEM 4-Oral和TEM 8-Oral的熟悉度较低，对TEM评分标准的熟悉程度也相对偏低。所有参与者都对TEM持正面评价，其中教学管理者的

评价高于教师的评价，教师的评价高于学生的评价，参与者对考试报告的满意度最低。参与者认为考试实现了预期的反拨效应，但也有一些非预期的用途，如用于学校排名、教师评估、学位授予和员工招聘，参与者中的考试设计者对这些非预期用途持保留态度，认为需要进一步论证其合理性，其他参与者的态度各不相同，约有一半持支持的态度。学校基本都有TEM备考课程，不过大多数备考课程的开设时间不到半学期。参与者认为对教学和学习有效性产生影响的主要因素是教师的素质和学生的努力，TEM的影响相当有限。课堂观察(52节课，六位教师)研究发现，备考课程的教学围绕考试内容，主要以教师讲座的形式进行，且以中文授课为主，备考课堂的师生互动有限，气氛不够活跃。

Zou & Xu (2017) 进一步聚焦TEM 8教学管理者，报告了他们对考试的看法和考试的反拨效应。在该研究中，教学管理者指各高校具体负责英语专业教学和测评的管理人员，他们的职责是根据全国英语专业教学大纲和TEM 8大纲，制定符合自己院校的英语专业教学大纲，并监督教学大纲的贯彻和实施。该研究探讨两个问题：1)教学管理者对TEM 8的看法是什么？2)TEM 8对英语专业教学有何影响？在全国809所参加TEM 8的高校中，有750所参加了问卷调查，回收有效问卷724份。该研究主要针对TEM 8笔试，TEM 8-Oral为选考，参加的院校比例非常小。研究发现，绝大部分教学管理者熟悉全国英语专业教学大纲和TEM 8大纲，但对TEM 8评分标准不太熟悉；大多数教学管理者对TEM 8表示满意，涉及考试目标与教学要求的一致性、考试内容、题型以及考试管理等方面；TEM 8基本达到了预期的目标，即推动高年级的英语专业教学，但也存在一些非预期的用途，如作为学生就业的条件之一，也有少量院校将TEM 8成绩用于大学排名或教师评价，甚至作为授予本科学位的要求之一；大多数受访大学在其课程中包含了TEM 8预备课程，主要以讲座形式呈现；最后，TEM 8对教学效果的影响很小，影响教学效果的三大因素是教师素质、学生素质和学生努力程度。

7.3.4 教师英语水平测试

Coniam & Falvey（2018）从利益相关者的视角，在中国香港特别行政区政府资助并推行的教师英语水平测试（LPATE）实施12年之后，开展了反拨效应研究，探索考试对教学和教师发展产生的影响。LPATE提出了对中小学教师的英语水平最低标准。考试正式实施后，中国香港特别行政区中小学开展了大规模的教师英语培训。该研究使用的是Cheng & Curtis（2012）对反拨效应的界定：考试设计者所采用的题型、任务或细则对考生行为产生的影响。以LPATE项目为例，该项目自启动以来，教师职前培训和在职培训课程立刻在教学内容中增加了课堂用语意识和实践模块。Coniam & Falvey（2018）在研究专著的第十六章和第十七章报告了定量和定性研究结果。

定量研究（Coniam *et al.* 2018a）采用问卷调查，调查对象是中小学在职英语教师、英语教研室主任、校长、参加培训课程的教师等（n=236）；调查内容是对考试和相关政策的态度，包括规定中小学教师英语水平最低标准的必要性、重要性、作用、能力要求等。总体上，被调查者对LPATE项目持肯定态度，被调查者参加考试次数越多、考试得分越高，其对该项目的认可度越高；被调查者认为目前的最低要求基本合理；小学组的认可度比中学组高，中文教学的学校比英文教学的学校认可度高，中高层次学校比低层次学校的认可度高。对比20世纪90年代末的研究结果（Coniam *et al.* 2000），研究者认为LPATE项目实施之后，小学教师的英语水平有显著提升。定性研究（Coniam *et al.* 2018b）用访谈的形式进行（n=24）；调查内容是考试的实施是否对教师的语言水平产生影响以及他们在考试实施中遇到的挑战。研究发现，LPATE项目有助于提高教师的语言水平，增强教师的职业意识。被访者认为，对教研室主任的LPATE成绩要求应该更高。不过，近年来，教师对LPATE项目的需求不断减少，因为越来越多教师具备了学科和专业资格，从而可以免除LPATE。

7.3.5　英语能力分级检定测验

英语能力分级检定测验是由中国台湾地区语言训练测验中心（Language Training and Testing Center，简称LTTC）开发并管理的英语能力测评系统。该测验于2000年初开始实施，分为五个级别：初级、中级、中高级、高级和优级。每个级别的考试分为两个模块："听力与阅读测试"和"口语与写作测试"。考生先参加第一个模块的测试，达到规定的要求后，可继续报考第二个模块的测试。GEPT证书作为台湾地区学生英语能力的证明，主要用于求职、升学和留学等高风险决策。

随着GEPT的推出和影响力的提升，台湾地区部分大学将GEPT成绩作为获得学位证书的要求。Shih（2010）通过对系主任和英语教师的访谈，探索了GEPT对大学政策的影响，并从社会和教育体系、学校、家长和学生等多个层面构建了高风险考试对学校教育政策的反拨效应模型（详见本书第三章）。随着时间推移，逾90%的大学实施了这一毕业政策。为此，Wu & Lee（2017）基于"自我决定理论"（self-determination theory）（Deci & Ryan 1985；Ryan & Deci 2000），进一步探索GEPT作为大学生毕业要求所产生的反拨效应。自我决定理论认为，积极的信念会激励人们努力工作以实现目标，内在和外在动机都有激励作用，不过外在动机需要通过内化、整合和调节，才能成为自我决定过程的一部分。该研究通过对三所大学的学生问卷调查（n=570），了解本科生对英语作为毕业政策的看法，并采用结构方程建模，阐释了考试成绩、学生对政策和考试价值的看法、考试焦虑，以及学习动机之间的复杂关系。研究发现，本科生普遍对该毕业政策持积极态度，而且，学生对毕业政策的肯定态度对考试价值和其学习动机产生了积极的影响，然而，学生对政策的看法与他们的考试成绩之间没有显著关系。在英语学习方面，学生的外在动机高于内在动机，最高的一类动机是工具性动机，如就业、继续学习等；此外，英语水平低的学生受毕业政策影响较大，考试焦虑程度更高，而考试焦虑程度会对考试成绩产生负面影响。

Hung & Huang（2019）开展了GEPT对大学生英语学习产生的反拨效应研究。该研究从反拨效应与学习者特征（如专业、性别和英语水平）之间的关系角度，探究以下研究问题：1）GEPT是否对学生的英语学习产生影响？2）反拨效应与学生英语水平关系如何？3）反拨效应的强度是否存在性别差异和专业差异？研究者在台湾地区一所大学进行了问卷调查，该校将GEPT中级阅读和听力成绩作为本科毕业要求（相当于《欧洲语言共同参考框架：学习、教学、评估》的B1级别）。为此，该校在英语课程中增加了GEPT中级阅读和听力的内容。该研究收集到的有效问卷共694份，研究参与者包括工程类（n=390）、商业类（n=231）和外语类（n=73）专业的学生。结果显示，GEPT的反拨效应在学生的个人形象、学习动机、情感和未来就业机会等方面尤为显著。此外，反拨效应与学生英语水平之间的关系在统计上具有显著性：考试对英语水平高的学生产生了更强的反拨效应，而英语能力差的学生对考试失去信心，这减弱了考试对其英语学习产生的影响。然而，男女学生在反拨效应上没有统计上的显著差异，不同专业之间的反拨效应也没有显著差异。

7.3.6　全国英语等级考试

全国英语等级考试由教育部教育考试院（原教育部考试中心）负责设计，于1999年开始实施。PETS有五个级别，一级为初始级，五级为最高级。每个级别都包括笔试和口试两项独立的考试，考生根据需要报考笔试或口试。在同次或相邻两次的考试中，相同级别的笔试和口试成绩均合格的考生，可以获得由教育部教育考试院核发的相应级别的合格证书。

高怀勇等（2014）基于整体效度观，采用Weir（2005）的社会−认知效度论证框架，从三个方面开展了PETS口试（一级至五级）反拨效应研究，即测试公平性、反拨效应以及社会影响。该研究参考McNamara（2000）的研究，对"反拨效应"和"影响"作了区分，前者为语言测试对教学产生的微观层面的影响，后者是语言测试对社会和教育体系产生的宏观层

面的影响。研究采用问卷调查和访谈，问卷共有511份，包括在校考生
（n=348）、社会考生（n=121）、口试考官（n=42）；其中482份为有效问
卷。访谈对象共30人，包括5位口试考官、5位教育行政人员和20名考
生。问卷和访谈数据分析表明，大部分考生对PETS口试持肯定态度，测
试任务没有对不同年龄、性别、成长背景的考生造成明显的偏差；考试对
教学有一定正面反拨作用，对成年考生的作用更显著，如提高口语学习兴
趣、加强对口语的重视等，不过对教学方式和教学内容的影响不显著；从
社会影响来看，教学机构对PETS口试基本持肯定态度，教学机构的口语
教学、课程设置、教学计划和教学重点等间接地受到口试的影响，而且该
影响是正面的；该考试对考生未来学习和工作也有积极的影响，如口语能
力得到社会认可、增强学生继续学习的信心和勇气等。

7.4　本章小结

通过案例分析，我们发现大规模英语语言测试的反拨效应研究主要关
注的是考试对教学和学习产生的各种影响（即狭义的考试反拨效应）以及
反拨效应的机制。在各种理论框架中，引用最广泛的是Alderson & Wall
（1993）提出的考试反拨效应假设以及Hughes（1993）和Bailey（1996）的
反拨效应3P模型。这些文献对反拨效应实证研究的切入视角和研究设计
产生了深刻的影响。同时，有学者在反拨效应研究中，关注了考试的预
期效果达成度（如Qi 2004）和非预期效果及其影响（如Zou & Xu 2017）；
也有学者基于整体效度观，把考试反拨效应视为考试后果层面的效度（如
Qi 2004），或者参考社会-认知效度论证框架（Weir 2005），从考试公平
性、教学影响和社会/教育层面的影响开展考试社会影响研究（如高怀勇
等 2014）。

问卷调查是采用频率最高的研究方式，辅以课堂观察、学生日志、师

生访谈等质性研究，数据分析以描述统计为主，也有相对复杂的结构方程建模、探索性或验证性因子分析等量化数据分析。从研究所持续的时间上看，辜向东等（2014）的研究是比较典型的跟踪研究，基准研究是在2002—2005年进行的，之后在2007—2010年进行了为期四年的跟踪研究，跟踪研究采集了比较丰富的效度证据。不过，总体上看，反拨效应研究多以横截面数据为主，即在某一时间点上针对不同对象采集的数据，研究者即便进行课堂观察，一般也是短期内的跟踪观察。从考试相关利益群体来看，这些研究重点关注了教师和学生，也有一些研究关注了考试设计者和命题人员（如亓鲁霞 2004）、家长（如Cheng *et al.* 2011）、教学管理者或政策制定者（如Zou & Xu 2017；高怀勇等 2014）。

案例分析对反拨效应研究有三方面的启示意义。首先，反拨效应研究不仅要调查考试对教和学产生的方方面面的影响，而且应致力于阐释反拨效应产生的机制，探索影响考试反拨效应的各种因素，打开反拨效应的"黑匣子"。其次，反拨效应研究要避免过度依赖从问卷调查获得的自我感知或自我报告型数据，应尽量使更多的利益相关群体参与到研究中，并寻求更加丰富、客观、有效的证据来源。最后，大规模语言测试的反拨效应研究要进一步关注考试的社会影响，站在更高层面审视考试对教育体系乃至社会带来的影响。

第八章 国际化语言考试的反拨效应实证研究

第七章回顾了有一定影响力的中国大规模英语语言测试项目的反拨效应研究，并阐述了案例分析对反拨效应研究的启示。本章基于第七章提出的分析框架，聚焦国际化大规模英语语言考试，从核心概念、理论框架、研究问题、研究设计和主要结论五个方面，分析和评价国际化大规模英语语言考试的反拨效应研究案例。本章所选用的研究案例主要来自核心刊物上发表的研究性论文、专著或未发表的硕博士论文，从其中挑选了一些比较有代表性的案例。

8.1 案例选择

在选择国际化语言考试反拨效应实证研究典型案例时，除了关注时间跨度、地区分布、研究主题等方面之外，我们还特别关注了具有国际影响力的大规模语言考试项目，包括托福、雅思、培生学术英语考试、托业、剑桥商务英语证书考试等。研究成果发表的时间主要集中在21世纪。数据采集地包括北美洲、欧洲和亚洲地区。考试类型主要是入学考试(托福、雅思、培生学术英语考试)和职场英语能力考试(托业、剑桥商务英语证书考试)。研究主题包括考试对学习或备考的影响、利益相关者对考试的看法以及他们的看法对学习的影响等。特别需要指出的是，国际化语言考试反拨效应研究的历程较长，文献资料丰富，我们不可能全面地汇总或选择案例。因此，本章综合考虑资料来源、地区分布和时间跨度等因素，挑选了七个典型案例。综述类论文（如Chapelle 2020）和并非针对某项考试的调查研究（如Choi 2008）等未纳入案例研究范围。国际化大规模英语考试反拨效应研究案例汇总见表8.1，考试名称的中文名称和英文全称及简称见表8.2。

表 8.1　国际化大规模英语考试反拨效应研究案例

考试项目	研究主题	研究成果
托福	对托福培训课程的影响	Alderson & Hamp-Lyons（1996）
雅思	对学术英语写作能力发展的影响	Green（2006a，2006b）
	高风险考试的社会影响模型	Saville（2009，2010）
托福、雅思、培生学术英语考试	考试成绩对入学决策的影响	Ginther & Elder（2014）
托业	对学习过程和结果的影响	Booth（2018）
剑桥商务英语证书考试	对商务英语学习和备考的影响	Gu & Saville（2016）
	对BEC中级口试考官的影响	Yang *et al.*（2020）

表 8.2　国际化大规模英语考试名称（汉英对照及英文简称）

考试名称	英文全称	英文简称
托福考试	Test of English as a Foreign Language	TOEFL
托福网考	TOEFL Internet-based Test	TOEFL iBT
雅思考试	International English Language Testing System	IELTS
培生学术英语考试	Pearson Test of English Academic	PTE-A
托业考试	Test of English for International Communication	TOEIC
剑桥商务英语证书考试	Business English Certificate	BEC

8.2 案例分析

8.2.1 托福考试反拨效应研究

托福考试是20世纪60年代初由美国教育考试服务中心（Educational Testing Service，简称ETS）开发的一项英语水平考试，考试对象是非英语母语者。托福考试成绩主要用于申请英语国家的大学和研究生院，尤其是美国、加拿大、英国和澳大利亚的高等教育机构。目前，托福考试采用网考形式，考试内容分为四个部分：阅读、听力、口语和写作。总分为120分。

Alderson & Hamp-Lyons（1996）是语言测试反拨效应研究领域早期开展的一项实证研究。该研究以Alderson & Wall（1993）提出的15项关于反拨效应的假设为理论基础，验证有关托福(纸笔考试)反拨效应的诸多假设。例如，托福考试导致以下问题：非真实性教学课堂；教授给学生不恰当的语言学习和使用策略；虽然培训课程能够提高学生托福成绩，但并没有教会他们在真实交际中或即将开始的大学课程中如何使用英语；托福课程取代了"真正的"英语课程。研究数据来自设立在美国的语言教学机构，被调研的学生大多来自亚洲、拉丁美洲和其他地区。研究者跟踪为期四周的托福培训课程和非托福课程，采集了三类证据：学生小组访谈(三组，每组3—12人)、教师个人访谈(共4人)和小组访谈(一组5人)以及对两位教师的课堂观察记录(为期一周)。

通过学生小组访谈发现，学生希望在培训课程开始时进行一次分班测试，课堂上更多的参与和提问可以为学生提供个性化的诊断，促进自学和课堂复习相结合。而且，学生希望有更多练习英语的机会，如结交美国朋友、看电影、广泛阅读以及在课外使用英语等，以帮助他们更好地准备托福考试。大部分教师对托福考试多持负面看法，认为该考试不够真实、交际性差；他们对托福课程也有同样的负面看法，认为该类课程乏味且碎片化，特别是托福"结构"（structure）部分的训练。大部分教师觉得托福课程简单，既不需要备课，也无需布置或批改作业；不知道托福课程究竟应该如何教、如何备课，如何使课堂变得生动有趣，如何帮助学生提高成绩。仅有两位教师认同托福课程，认为他们是在帮助学生实现重要的人生目标。还有一位刚开始教托福课程的教师指出，课堂上的师生互动特别重要。

　　课堂观察持续时间为一周。期间，研究者观察了两位教师教授的16节课，包括8节托福课程和8节非托福课程。其中一位教师具有丰富的托福课程授课经验，并开发了托福培训教材；而另一位教师则是托福课程的新手教师。首先，两位老师对托福课程难度的看法不同，一位认为上手很难，不知如何讲课；另一位则认为学生基本可以无师自通，不需要很多讲解。课堂观察数据分析表明，与非托福课程相比，托福课堂的学生数量比普通课堂的要多一倍以上，课上的考试练习更频繁，但师生交互、小组活动和课堂笑声都更少。此外，从两位教师所有课程数据的对比分析结果来看，托福课程的教学特点不仅与考试培训的需求相关，与教师的性格和授课习惯也密切相关。

　　该研究表明，影响反拨效应的因素复杂，托福考试的确对课堂教学方式和内容产生了影响，但考试不一定是唯一或主要因素。为此，研究者提出了一系列仍需探索的问题：一项考试是否是教师教学方式的核心影响因素？如果教师在托福备考课程中不采用"交际法"教学，那么这是考试、教师、备考材料、学习者导致的，还是语言教学机构导致的？为学生提供最佳备考课程是培训机构的责任，是教材编写者和出版机构的责任，还是考试机构的责任？基于该研究，研究者认为有必要拓展关于考试反拨效应的假设。例如，考试对不同教师和学习者产生的反拨效应在影响程度和类型上有所不同。

8.2.2　雅思考试反拨效应研究

　　雅思考试是由英国文化教育协会、剑桥大学考评院和IDP教育集团共同主办的一项国际英语水平测试。雅思考试分为学术类（Academic）和培训类（General Training）两种类型。学术类考试主要适用于申请英语国家的大学和研究生课程的考生，而培训类考试则旨在帮助学习者实现移民和职业培训等目的。雅思考试包括四个部分：听力、阅读、写作和口语。雅思成绩（包括单项和总分）均采用九分制评分体系。

Green（2003）通过课堂观察、访谈和测试等方法开展了雅思考试（学术类）的反拨效应研究。Green（2006a，2006b）进一步聚焦雅思（学术类）写作测试对学习和教学产生的影响。Green（2006a）提出以下假设：雅思考试对教师和学生会产生不同的影响，且对不同的学生会产生不同的影响。在国际学生进入英国大学学习之前，他们有两种预备课程可供选择：语言教学机构为他们提供的雅思备考课程（以下简称"雅思课程"）和大学为他们提供的学术英语课程（以下简称"非雅思课程"）。学生对课程的期望取决于课程目标，也反映出他们对学习的信念。该研究提出的问题是：1）雅思课程的学生对学习的预期是什么？2）这些预期与非雅思课程学生的预期以及教师对课程内容的看法和感受是否有所不同？研究采用问卷调查方法，了解学生在课程开始时对预备课程的预期、学生在课程结束时对教学重点的看法以及教师对授课重点的看法。学生问卷数据分别在课程开始和结束时采集，参与者是108名准备进入英国大学学习的中国留学生，包括雅思班学生（n=33）和非雅思班学生（n=75）。教师问卷数据在课程结束时采集，参与者是39位教师，包括雅思课程教师（n=13）和非雅思课程教师（n=26）。教师和学生参与者来自同样的教育机构或大学。

该研究表明，正如反拨效应理论所预测的那样，雅思课程确实覆盖了相对较窄的学术写作构念，但是，这种被压缩的教学内容并不是学生所期望的。其实，雅思课程和非雅思课程的学生对课程的预期有许多相同之处，即便是雅思课程的学生也期待该课程能帮助自己提升英语写作能力，而非仅仅提高雅思成绩。但是，在课程结束时，两类课程的学生对所学内容的感受差异较大，而他们的课程体验与教师对两类课程的认识基本一致。雅思课程与非雅思课程的教师对课程目标的理解差异较大，而学生对课程的预期则会随教师对课程目标理解的差异而产生不同，以保持与教师同步。但是，两类课程内容上的差异并非来自学生对课程的预期，因为雅思课程的学生并没有特别关注与考试紧密相关的内容。因此，学生并非反拨效应的核心影响因素，教师和课程才是反拨效应更为重要的影响因素。雅思课程未能全面地呈现学术英语写作构念，因此，雅思课程的学生没有得到充分的学术写作指导。若要帮助学生更好地适应大学学习，培训课程内容应基于更为全面的学术英语写作来设计，而非仅仅根据某项考试任务来设计。

Green(2006b)以课堂观察的方式进一步开展了雅思(学术类)写作测试的反拨效应研究。写作测试作为一种直接测试方式，往往被认为能够产生更加良好的反拨效应。但是，测试任务特征会对反拨效应产生影响，而且，如果雅思课程以应试为目的，那么该课程可能无法全面提高学生的学术英语写作能力。为此，该研究从考试任务设计与反拨效应之间的关系切入，提出了一个包含测试设计和参与者特征的反拨效应模型，用于预测教师和学生在雅思课程上的行为[参见本书第三章引荐的反拨效应模型(Green 2007)]。该研究提出的问题是：1)雅思写作测试对教学产生了什么样的影响？2)雅思写作课程与非雅思的学术英语写作课程在教学上有何差异？研究数据来自英国的六所大学、三所继续教育学院和四所私立语言学校。通过对22个雅思班和13个学术英语班中197名学生和20位教师长达51个学时的观察，以及对任课教师在每节课后的简单访谈，该研究获得大量关于课堂组织模式、教学内容和学生学习方式等方面的数据。

频数统计分析表明，雅思写作课程和非雅思的学术英语写作课程之间存在许多共性，如课堂教学模式不是以教师为主的讲座，而是以教师为中心的课堂互动。此外，学生用于个人备考练习的时间有限，但随着雅思课程的推进，学生用于个人备考练习的课堂时间会逐步增加。另外，两类写作课程的话题大多是广泛的，即话题与普遍性问题相关，而不是与个人兴趣相关。不过，雅思写作课程切换话题的频率更高，而近三分之一的非雅思学术英语写作课程用整堂课来深入地探讨某一话题。两类课程的教学内容主要都由教师决定，学生发言权较小。在技能方面，两类课堂上的学生更多时间是在听，写作的时间很少。雅思写作课程的教师会选择不同的考试辅导材料和自编教材，很少用训练题集，而非雅思学术英语写作课程的教师没有使用任何考试相关教材或培训材料。从频数来看，两类课程的主要差异在于课堂上提及雅思和应试策略的次数。

但是，对课堂活动片段和教师访谈的质性分析凸显了两类课程的差异。例如，非雅思学术英语写作课程更倾向于选择与学生专业方向相关的话题，而雅思写作课程基本围绕通用话题；雅思写作课堂上的活动与雅思写作测试特征有密切关联，如鼓励学生记忆固定短语、教授相关词汇和结构、频繁地布置雅思模拟写作任务等；雅思写作课程关注的是考官的期望，而不是大学教师或受过教育的非专业读者的期望；雅思写作课程更注重语法，而非雅思学术英语写作课程更侧重语篇；雅思课教师评判学生作业采用的是雅思写作测试评分量表，而非雅思课教师采用的是教师自编的学术写作评分标准。总之，与 Green（2006a）相似，该研究再次证明雅思课程弱化了学术英语写作构念，而这些构念代表不足的问题可以追溯到雅思写作考试的设计特征。该研究对运用观察法研究反拨效应有重要启示：通过频数分析看到的可能只是课程组织或内容等方面的表象，只有通过更细致的质性分析，如课堂活动片段分析和教师访谈，才能真正了解考试对教学的反拨作用。

Saville（2009，2010）以剑桥大学考评院的视角，开展剑桥考试影响研究，并以此为案例，构建了以行动为导向的考试社会影响模型，为考试机构探索高风险语言考试所产生的社会影响提供了指导。该研究从七个方面回顾了以往的反拨效应研究，包括考试特征、环境、参与者、结果、研究者、研究方法和时间线，并指出这些研究没有真正关注考试在更宏观层面上的社会影响。从反拨效应研究拓展到社会影响研究需要构建一个将各种影响因素整合起来的综合模型，从而帮助研究者在更广泛的教育和社会背景下探索各种复杂的关系。为此，该研究回顾了由剑桥大学考评院主持的三项关于考试影响的研究项目。其中，案例一是关于雅思考试的社会影响研究。这些项目的共同目标是把考试影响研究作为剑桥考试开发和效度验证的一部分来实施。在回顾过程中，该研究把重点放在有利于推动正面影响且避免负面后果的"行动"（action）和"活动"（activity）上。

根据对三项研究项目的回顾，Saville（2009，2010）提出了一个扩展的考试影响研究模型。该模型包含四个相互关联的核心要素：第一，重新界定"影响"这一概念，突出测评在整个社会体系和语言教育领域中的地位和作用；第二，提出"设计影响"（也称"预期后果"）的概念，并将其引入考试机构的考试规划和日常运作；第三，重新组织效度论证程序，将影响研究纳入考试机构的日常运作，以及时了解测试在实践中产生的影响；第四，制定一个适当的行动理论，使考试机构能够与利益相关者合作，达到预期目标，避免负面后果，并在必要时采取补救措施。该模型为考试机构持续地开展影响研究提供了更有效的"行动理论"，帮助考试机构更好地监控考试的预期后果，更有针对性地进行考试改革。

8.2.3　考试对入学决策影响研究

国际化语言考试的主要用途之一是作为高校录取国际留学生的一条标准，考生、学校和社会都会基于考试成绩进行决策。为此，有必要探索考试利益相关者对国际化语言考试成绩的理解和使用。Ginther & Elder（2014）对三项广泛用于选拔录取的国际英语水平考试（托福、雅思、培生学术英语考试）在美国普渡大学和澳大利亚墨尔本大学的使用情况开展了深入的调查，以帮助高校更好地理解成绩所代表的能力并制定适当的录取政策，确保考试公平性。与托福和雅思考试相似，培生学术英语考试是由培生公司为准备接受英语授课环境下的研究生课程的考生设计的计算机化英语考试，该考试于2009年开始实施。培生学术英语考试采用综合型测试题型，考核听力、阅读、写作和口语四项技能。所有题型都采用计算机自动评分系统，考试成绩通常在几天内发布。在普渡大学和墨尔本大学这两所研究型大学中，三项考试都可用于选拔录取国际研究生。

该研究旨在了解负责招生的关键利益相关人员是否理解这些考试所考核的构念、考试分数代表的含义、三项考试成绩之间的对应关系，以及是否论证过各项考试录取分数线的合理性。具体研究问题如下：1）考试成绩在研究生招生过程中是如何使用的？2）考试使用者对目前用于国际学生入学的英语考试的熟悉程度如何？3）考试使用者对语言测试和不同的测试方法的理解和看法是什么？该研究采用个案分析法，通过对各个院系教师的问卷调查（$n_{普渡}=232$；$n_{墨大}=249$），并辅以半小时至一小时的访谈（$n_{普渡}=16$；$n_{墨大}=14$），探讨参与者在使用考试成绩作为决策依据过程中的信念、理解和实践。

该研究发现，两所大学的教师在理解和使用英语考试成绩来录取国际研究生方面有诸多相似之处，这些相似的政策和实践可能源自两个国家共同面临的国际教育方面的问题，如高校对国际学生带来的经济收入的依赖。第一个研究问题是关于英语考试成绩在研究生录取过程中的使用情况。结果显示，尽管两所大学都对国际学生的英语水平存在担忧，并声称英语成绩很重要，但在决策过程中，语言水平测试成绩的主要用途通常仅限于确定申请人是否达到了最低分数线。考试提供的其他信息对招生决策的影响不大，招生决策主要依赖申请人提交的其他必要材料。此外，尽管申请人的成绩都达到了要求，但问卷调查和访谈结果都显示，教师对国际学生的英语水平感到担忧。

第二个研究问题探讨考试使用者对这三项英语考试的熟悉程度。问卷调查结果显示，两所大学都有超过一半的受访者认为录取分数代表的是申请人具备了足够的语言能力，而其余人则认为录取分数代表的是最低语言能力要求。对考试分数的有限使用、对分数线代表意义的不确定性以及对入学后学生实际语言能力的担忧，可能导致教师对考试价值存疑，即他们认为问题出自考试本身，而不是在招生过程中对考试成绩的理解和使用上。另外，尽管分数使用者对自己学校最常用的考试比较熟悉，例如，普渡大学的教师对托福更熟悉，而墨尔本大学的教师对雅思更熟悉，但是受访者普遍承认他们对学校用于招生的英语考试了解有限，且感觉陌生。由于对考试缺乏了解，绝大多数教师对这些考试并无强烈偏好，也有些教师表示不信任这些考试提供的信息。这与研究者的预期恰好相反，研究者预设北美教育背景下的考试使用者会更偏好托福，而澳大利亚教育背景下的考试使用者会更偏好雅思。

第三个研究问题探讨了考试使用者对语言考试和不同测试方法的理解和看法。结果表明，教师似乎偏向更直接的写作或口语考核方法，对选择题和计算机自动评分表示不信任。两所大学都有70％以上的受访者不认同写作或口语考试的自动评分，他们更喜欢有人工参与的测试方式。更重要的是，受访者的测评素养普遍有限，许多受访者意识到自己缺乏语言测试方面的知识，并表示有兴趣获取更多的相关信息。

该研究有助于考试机构了解分数使用者对考试的态度和对考试用途的理解，拓展考试使用者对考试的理解，更合理地使用考试分数。首先，将语言考试作为国际学生的录取标准，受到与社会、政治和经济环境相关的教育政策的影响，如大学在教育市场中的竞争以及公共教育经费的减少。因此，考试是在特定的社会和教育环境中得以开发和使用的，不可能脱离环境因素而独立存在。其次，考试的合理使用是其效度的重要组成部分，而考试机构对于分数的合理使用，特别是考试预设的用途（如研究生录取），负有不可推卸的责任。最后，高校招生部门有责任帮助决策者提升语言测评素养，了解考试相关信息，并论证考试分数使用的合理性。

8.2.4 托业考试反拨效应研究

托业考试用于评估非英语母语者在国际工作环境中使用英语的能力。20世纪70年代，ETS与日本政府机构合作开发了托业考试并于1979年开始在日本实施（Choi 2008）。当时，托业考试主要测试职场环境中的听力和阅读能力，用于企业和机构的招聘、晋升和培训。ETS于2006年开始改革托业考试，除对传统的听力和阅读测试进行改革之外，还增加了口语和写作测试，以全面考核考生的英语综合应用能力（Choi 2008）。改革后的托业考试更加贴近实际工作中的英语使用场景，更加符合现代职场的需求。

在韩国，英语交流能力是一项重要且具有竞争力的能力，是韩国教育体系不可或缺的组成部分。由于竞争激烈且公共教育资源不足，许多学生转向课外英语辅导课，如一对一私教课程或者私人补习学校。课外辅导课的内容主要是考试辅导，如托业、托福等国际化语言考试的应试策略。因此，这些外语考试对小学、中学及成人教育产生了重大影响（Choi 2008）。20世纪末至21世纪初，随着托业考试认可度和影响力的提升，它被广泛应用于招聘、晋升、培训和入学等领域，帮助大学或企业选拔人才。例如，韩国的一些大学用托业考试成绩作为奖学金评审或本科毕业的条件。尽管考试机构认为这些并非托业考试的预期用途，韩国政府也禁止用外语考试成绩作为选拔标准，但是这些做法依然盛行，甚至公务员的应聘条件也包含了托业或其他外语考试成绩。2013年，韩国有约207万考生参加了托业考试（Booth 2018：20）。

为了探索考试对英语学习产生的影响，Booth（2018：48）开展了一项托业考试反拨效应质性研究，分析了13位韩国托业考生备考过程。在该研究中，反拨效应的操作性定义是"在广泛的实践共同体中实施的考试对教和学产生的影响"。为了搭建研究框架，Booth深入讨论了社会文化理论的三个基本主题：中介（mediation）、最近发展区（zone of proximal development，简称ZPD）和学习者的能动性（learner agency)。同时，Booth借助"活动理论"（activity theory），把学习视为学习者个体与其所在的环境之间复杂互动的活动过程，以情境化的视角，从参与者、学习过程和学习成果三个方面深入探究反拨效应。该研究的四个问题是：1）准备托业考试的学习者的动机和目标是什么？这些动机和目标背后的关键影响因素是什么？2）学习者为准备托业考试采取了哪些行动？这些行动背后的关键影响因素是什么？3）英语专业和其他专业的学生在准备托业考试时分别是如何具体操作的？这些操作背后的关键影响因素是什么？4）学生准备托业考试的预期成果是什么？这些预期成果背后的影响因素是什么？

研究数据来自韩国一所私立大学的13名学生撰写的备考日志和研究者对他们的访谈。其中，日志数据包括七名英语专业学生314个小时的198项活动记录以及六名非英语专业学生194个小时的113项活动记录。研究者对日志内容进行了编码和归类分析，并对典型案例进行了细致的描述和分析。通过对比发现，英语专业学生与非英语专业学生的托业考试准备活动具有显著的群体差异，具体体现在活动时间、活动类型以及对语言内容的关注点等方面。通过对三名非英语专业学生和两名英语专业学生的进一步跟踪分析，该研究阐释了学生在托业考试准备过程中的目标（goal）、行动（action）、操作（operation）以及他们对成果的感受（perceived outcome）。

该研究从微观层面上论证了影响考试重要性和个人考试动机的学习者相关的关键变量，分析了学生在托业考试备考过程中所采取的行动背后的影响因素，以及影响学习内容、策略、速度和顺序等反拨效应的关键中介变量。研究发现，影响学生对反拨效应的看法和态度的相关因素包括学生的专业或研究方向、以往的托业考试经验和成绩、过去的英语学习经验、时间限制和同伴影响等。这一发现对反拨效应的传统观点提出了挑战，即反拨效应与考试设计或质量联系紧密，好的考试产生正面影响，差的考试则会产生负面影响。该研究结果表明，影响考试反拨效应的因素复杂多样，同一项考试在相似环境中会对不同的学习者产生不同的反拨效应。学习者在不同的备考阶段、不同的环境中作出的不同备考选择都会对学习成果产生影响。

该研究在社会文化理论框架下，展示了托业考试对学习过程和结果的影响，从宏观层面阐释了反拨效应的复杂性（Wu & Zhang 2019）。研究凸显了考试、考试开发者、各类利益相关者以及考生之间的相互影响关系，分析了经济、教育、政治和文化等领域的利益相关部门对考试机构的决策、考试构念、考生备考活动产生的影响，以及这些利益相关者如何受考试相关决策的影响，说明了以上所有因素共同决定托业考试的重要性和影响力。最后，Booth提出了一个情境化的反拨效应模型（a situated model of washback）。该模型融合了作为中介因素的学习者变量和社会文化影响，强调宏观层面和微观层面因素的相互交织，为探索考试对学习过程和学习结果产生的反拨效应提供了理论框架。

8.2.5 剑桥商务英语证书考试反拨效应研究

剑桥商务英语证书考试（BEC）是由剑桥大学考评院（原剑桥大学考试委员会）于20世纪90年代初开发的商务英语考试（O'Sullivan 2006）。考试分为三个级别：初级（BEC Preliminary Level）、中级（BEC Vantage Level）和高级（BEC Higher Level）。这三个级别分别对应《欧洲语言共同参考框架：学习、教学、评估》的B1、B2和C1级别。考试内容涵盖听力、阅读、写作和口语四个部分，分两个阶段进行：第一阶段为笔试，包括阅读、写作和听力；第二阶段为口试。BEC考试重点考核考生在实际商务环境中使用英语进行交流的能力。1993年，教育部教育考试院（当时称为国家教委考试中心）联合剑桥大学考评院在中国推出BEC考试。目前我国的考生人数已逾百万，在全国设有144个考点（Yang *et al.* 2020）。

Gu & Saville（2016）调查了BEC考试对中国考生英语学习产生的影

响，其中一个项目是BEC考试（中级和高级）反拨效应研究。该研究的目的是了解中国考生：1) 对BEC中级和高级考试的看法；2) 参加BEC中级和高级考试的主要动机；3) 准备BEC中级和高级考试的过程。研究数据来自我国某直辖市BEC考生的问卷调查结果（$n_{中级}$=397, $n_{高级}$=272）和访谈记录（n=36）。参加调查的BEC考生中有90%以上是本科生，且以女生为主。中级考生中有87%为女生，高级考生中有80%为女生。究其原因，可能是女生入职难度相对比男生大，或者女生在语言能力方面更有优势，所以她们更倾向于用证书来证明自己的商务英语沟通能力。考生主要来自外语类、师范类、财经类或管理类高校；工作意向排名前三的是国际贸易、教育或财经方向。

研究发现，考生对BEC考试的时间（除高级考试的阅读部分）、内容、题量、难度（除高级考试的听力部分）、成绩报告、用途等持高度肯定态度。考生参加BEC考试既有内在动力，也有外在动力，如促进英语学习、找工作、了解商务英语水平、获得国际权威考试机构证书。中级和高级考生都认为考试产生的影响是正面的，但是，中级考生更认同考试对商务英语学习和能力提升的作用，他们的内在动力更强；高级考生则更认同考试对求职的工具性作用，因而他们的外在动力更明显。不过，研究发现，考生对BEC考试，特别是口试和写作，并不熟悉。考生的访谈报告说明，他们一般都是通过教师或同学来获取考试相关信息，几乎不会去剑桥大学考评院的官网了解有关考试过程或评分标准的信息。考生的平均备考时间是2—3个月，每天平均1.5—2.5小时。备考活动呈现应试倾向，排名最前的是练习往年真题。中级考生还经常学习相关教材或辅导材料、背商务英语词汇、做模拟题以及操练语法，而高级考生更倾向于练习口语和收听商务英语广播。考生一般都以个人复习备考为主，仅有10%的受访者参加过线下或线上考试辅导课。

Yang *et al.*（2020）针对BEC中级口语考试开展了反拨效应实证研究。BEC中级口语考试采用面试的方式，包括三个部分：第一部分是简短对话，即考生与考官对话并自我介绍；第二部分是话题演讲，即考生根据提示卡的话题和提示信息，经过准备后发表个人演讲；第三部分是话题讨论，即考生经过准备后围绕提示卡开展合作讨论并回答考官问题。口语考试由两位考官对两位（或三位）考生同时进行测试。其中一位考官是考试的组织者和引导者，负责主持口语考试并提问，同时对每位考生的整体表现评分；另一位考官是观察员，需要对每位考生在语法和词汇、语篇组织、语音、互动交流能力等方面的表现进行细致的分项评分。可见，考官是面试型口语考试的重要组织者和参与者。但是，在口语考试反拨效应研究中，主要调查对象是教师和学生，较少涉及口语考试考官的观点和态度。为此，Yang *et al.*（2020）通过问卷和访谈调查了考官对BEC口语考试的看法，并探究了口语考试对考官产生的影响。

该研究的问卷数据来自中国BEC考点的35名中级口语考试考官，均为经过BEC考官培训且获得认证的中国高校教师，其中17名在问卷结束后参加了半结构性访谈。在所有参与研究的35名考官中，77％是硕士研究生及以上学历，42％有10年以上BEC口语考试考官经历，67％有5年以上经历。考官自评数据显示，他们具备了考官的基本素质，施考得当，如指令明确、语速适中、发音标准、态度和蔼、给每位考生均等的发言机会等。但是，73％的考官并没有涉外贸易的经历。研究发现，考官对BEC中级口语考试的总时长和各部分时长的设置都持赞同态度，也赞同口语考试的题型和内容设计，认为口语考试任务的真实性较好，能够有效考核职场英语交流能力，尤其对第三部分的话题讨论认可度最高。考官对整体评分标准和分项评分标准都持肯定的态度，认为分项评分中的四个单项设置合理，可操作性强。但是，近三分之一的考官对考生按考号先后顺序配对的方式存疑，因为考生的表现会受到所搭档的同伴影响；也有考官认为考生的第一部分简短对话和第二部分话题演讲都有较明显的表演痕迹。最后，受访者认为担任口语考试考官的经历对他们的商务英语教学和测评实践产生了积极的影响，如提升测评素养、增加职业成就感、促进职业发展等。

8.3 本章总结

本章回顾了托福、雅思、培生学术英语考试等国际化英语考试的反拨效应和社会影响研究。由于国际化语言考试的主要目的是作为招收国际学生或在英语交际环境中就业的人才选拔标准，因此，这些研究聚焦非学历教育中的英语学习，如培训机构或大学预科班学生的备考过程、备考行为和备考结果，而不是学历教育中的英语教学和学习。从研究方法来看，问卷调查、访谈和课堂观察依然是主要的研究手段，研究者往往通过培训课程与正规课程的对比来探索考试产生的影响（如Green 2006a，2006b），也有研究采用学生日志进行跟踪调查（如Booth 2018）。

但是，问卷调查、访谈、日志等感知类型的数据很难避免各方面因素，特别是报告人的主观性，对数据的干扰，因此，数据质量和可靠性有待提高（参见本书第四章和第五章）。Alderson & Hamp-Lyons（1996：284）指出，深入了解学生的备考行为和过程需要"全面的人种志研究"。培训课程是国际化语言考试研究的主要研究对象，但是，对于培训课程的有效性仍缺乏全面的定义，同时，也需要系统论证课程有效性的指导性框架。课堂观察可以展现培训课堂的特征，但是不一定能够解释出现这些特征的原因。Green（2006b）指出，课堂观察的量化数据分析只能揭示表面现象，无法揭示反拨效应的复杂性和多样性。从课堂观察记录的频数统计分析来看，雅思培训课程和学术英语写作课程有很大的相似性，但是，课堂活动片段和教师访谈的质性分析则凸显了两类课程的差异。因此，培训课程研究需要采集多种类型的数据来分析和阐释课堂特征。

从研究范畴来看，国际化语言考试研究有助于我们更深入地理解考试设计、考生特征以及社会环境之间的复杂关系。Messick（1989）的整体效度观凸显了构念效度的核心地位，涵盖了对测试成绩的解释和使用，拓展了效度概念。据此，主流的效度论证框架都包含了有关决策和后果的推论（如Bachman & Palmer 2010；Chapelle *et al.* 2008），这也标志着语言测试领域越来越重视考试的社会属性（McNamara & Roever 2006；Shohamy 2001）。在本章所回顾的研究中，Saville（2009，2010）和Ginther & Elder（2014）探索了语言学习的社会和教育环境，把考试反拨效应研究拓展到了考试对社会的影响上；Booth（2018）从社会文化理论的视角，探索了托业考试对学习过程和结果的影响；Gu & Saville（2016）通过研究BEC考试对中国考生英语学习产生的影响，发现社会对高风险考试及其证书的认可程度，以及严峻的就业形势，都增强了考生的外在动力，而这种考试动力又进一步影响了考生的备考策略。总之，国际化语言考试的社会影响研究丰富和拓展了语言测试反拨效应的概念，呼应了语言测试的社会化转向。

| 第九章 | 语言测试反拨效应研究发展趋势与选题建议 |

本章包括三个部分：对全书内容的总结和反思、对未来反拨效应研究的展望以及对研究选题的建议。我们简要概述本书的主要观点并指出本书存在的不足，分析语言测试反拨效应研究面临的挑战，并阐述语言测试反拨效应研究的发展趋势，然后基于对发展趋势的分析，提出语言测试反拨效应研究的选题建议。

9.1　总结和反思

本书前八章的内容分为以下三个部分：第一部分(第一至三章)为理论篇，回顾了20世纪90年代初至今语言测试反拨效应研究经历的几个重要发展阶段；第二部分(第四至六章)为方法篇，详细地介绍了语言测试领域的定性、定量和混合研究方法，分析利弊，并通过实际案例展示各种方法的具体应用；第三部分(第七至八章)为实践篇，通过具有一定代表性的地区性和国际化语言考试案例分析，展示了反拨效应研究的多样性和复杂性。通过对语言测试反拨效应理论和实践的梳理，我们论证了以下五个主要观点。

第一，语言测试反拨效应研究关注的重点是考试使用及其产生的影响。当考试结果作为重要决策的依据时，考试就具有了一定的教育价值和社会价值。为了追求考试价值，教师、培训机构和学生会采取各种手段和方法，提高考试成绩，其他利益相关者也会通过相关政策的制定和实施，使考试价值最大化。因此，考试的使用会对教育或社会产生各种影响。

第二，语言测试反拨效应的产生机制复杂，反拨效应强弱程度和性质受多种因素影响。考试设计和实施与反拨效应有一定关联，但不是产生反拨效应的直接原因。考试目的决定考试的设计和实施，良好的设计和实施可以帮助考试实现预期效应。但是，影响反拨效应强弱程度或正负方向等方面的关键因素是考试所处的教育、文化和社会环境，考试使用政策，考试利益相关者对考试的看法等，以及这些因素之间的交互作用。

第三，语言测试对语言教学和学习的不同方面会产生不同的影响。由于语言测试的设计以及语言教学和学习的目标、动机、方法、态度、策略等各不相同，考试对教学和学习的内容、进度、方法、策略、效果等会产生不同的影响。因此，反拨效应研究需要全面、细致地分析语言测试对教学和学习的方方面面产生的影响。

第四，语言测试反拨效应研究是考试效度论证的一个重要组成部分。在整体效度观的影响下，考试对教学产生的反拨效应被视为考试效度的其中一个方面，需要研究者通过实证研究，采集相关证据来论证考试的使用是否合理，是否对教学和学习产生良好的反拨效应。拓展的反拨效应研究还应关注考试的社会影响，如公民接受继续教育的机会、升学或就业的公平公正、教育资源分配、人员流动等。

第五，语言测试反拨效应的研究方法以定性研究为主，访谈和问卷是常见的数据收集方法。虽然定量研究方法已经开始运用较复杂的统计模型，也已有了相关的量化研究人才储备，但量化研究尚未形成应用常态。混合研究目前仍处于数据收集和分析阶段的准混合研究类型，需要更多严谨和深入的设计来充分融合并发挥出混合研究方法的优势。此外，对于反拨效应的单个研究较多，追踪或者元分析类研究不多。随着研究话题的深入和混合研究方法的普及，业界将不得不面临更多的挑战，包括科研伦理、混淆因素以及所获得数据的测量学误差检测与分析等。

受时间、精力和阅历等限制，本书仍有一些不尽如人意之处。首先，我们虽然阐释了语言测试反拨效应的理论，但并未致力于拓展和完善反拨效应理论框架。例如，本书第二章探讨了考试反拨效应与效度理论的关系，但未能进一步深入地探究反拨效应的产生机制，也未能提出更为全面、系统的理论框架。其次，本书文献回顾和案例分析的主要对象是英语考试，对其他语种考试的反拨效应研究关注不足。在语言测试文献资料中，尽管对其他语种考试的反拨效应研究较少，不过仍有相关研究报告，如Deygers et al.(2018)关于比利时弗兰德地区对国际预备生大学入学荷兰语考试的反拨效应研究。最后，本书第三部分的地区性语言考试案例主要是中国本土开发和实施的考试，对国外地区性考试案例关注不足。国际语言测试领域主要关注了大规模国际化语言考试，虽然目前对其他国际化语言测试的反拨效应报告不多，但是仍有一些相关研究。例如，Saif(2006)开展了加拿大维多利亚大学的国际助教英语口语考试对教学内容、课堂活动、学习成果等方面的反拨效应研究；又如，Dimova et al.(2020)分析了美国普渡大学英语口语水平考试（Oral English Proficiency Test，简称OEPT）、伊利诺伊大学厄巴纳–香槟分校英语分级考试（English Placement Test，简称EPT）等校本考试的设计、实施和发展。

语言测试反拨效应的研究领域极其广阔，值得我们持续不断地开拓和探索。我们将会在下文阐述语言测试反拨效应研究的发展趋势并提出研究选题建议。

9.2　语言测试反拨效应研究发展趋势

通过上文的梳理和回顾，我们认为，语言测试反拨效应研究大致经历了"起步"和"发展"两个阶段。20世纪90年代至21世纪初是反拨效应研究的起步阶段，在这一阶段，学者呼吁语言测试领域要重视考试的反拨效应，探讨反拨效应的概念和研究范畴，搭建基本的研究框架，并开展相关实证研究（如Alderson & Hamp-Lyons 1996；Bailey 1996；Li 1990；Shohamy 2001；李筱菊 1997，2001）等。起步阶段最具开拓性的成果是Alderson & Wall（1993）提出的斯里兰卡研究之问：考试的反拨效应是否存在？他们进一步提出了反拨效应15项假设，指导学者开展反拨效应的实证研究。自21世纪以来，语言测试反拨效应研究进入发展阶段。研究者致力于拓展反拨效应的概念和研究范畴，构建反拨效应的理论框架，深入地探索反拨效应的影响因素或中间媒介，阐释反拨效应的产生机制，同时加强语言测试对学生的学习内容、方法、态度、策略等方面影响的研究，并把宏观层面的教育政策和社会影响纳入研究范畴（如Chalhoub-Deville 2016；Chalhoub-Deville & O'Sullivan 2020；Cheng *et al.* 2004；Green 2007；McNamara & Roever 2006；Qi 2004；Saville 2009，2010；Xie & Andrews 2013；辜向东 2007a；辜向东等 2014；王初明、亓鲁霞 2016；杨惠中、桂诗春 2007，2015）。

在过去的三十多年中，反拨效应研究取得了丰硕的成果，成为语言测试领域一个重要的研究方向。尽管如此，反拨效应研究仍具有很大的发展潜力。近两年来，人工智能技术和大语言模型的飞速发展对语言教育产生了巨大影响，唯有不断创新和变革语言测试，才能使其适应教育改革的需求，更好地服务教育和社会。因此，我们须确立更长远的目标，开展更大范围的合作，建立长效研究机制和评估体系，推动反拨效应研究向新的方向发展。具体而言，我们从以下八个方面阐述语言测试反拨效应研究的发展趋势。

第一，持续探索考试反拨效应的表现形态，阐释其产生机制。Qi（2004）指出，反拨效应研究尚未解决的关键问题包括：反拨效应的表现形态是什么？评判标准是什么？学生成绩的提高并不能说明考试产生了正面的反拨效应，且反拨效应并非都是群体性现象，可能存在个体差异，即考试对不同利益相关群体和个体会产生不同的影响。反拨效应研究还要考虑时间变量，如考试开始实施时可能会产生良好的影响，但随着时间的推移，考试不断升值，用途不断增加，反拨效应的强弱程度和作用方向等都会不断改变。从产生机制来看，影响因素既有教育和社会层面的宏观环境因素，也有教学和学习层面的微观环境因素。而且，反拨效应既可能通过考试的实施和结果的使用直接产生，也可能存在中介因素（mediational variable），如利益相关者对考试的信念、看法和态度等。因此，反拨效应的影响因素错综复杂，不同因素之间还可能产生交互作用，反拨效应机制研究还有很长的路要走。

第二，探讨考试设计与反拨效应之间的关系，并分析实现考试预期后效的可行性及路径。Messick（1989）指出，对考试效度构成威胁的主要原因是"构念代表性不足"和"构念不相关"。那么，构念效度是否会影响考试对教学的反拨作用？更为重要的是，我们能否通过改进考试设计来实现考试"预期后效"（Saville 2009，2010）或形成"效果驱动的语言测试"（Fulcher & Davidson 2007）？从本质上看，预期后效体现了学习导向型评价的核心理念，即评价的根本目标是促进学习，评价的设计和实施等都应围绕如何实现其促学功能进行（Jones & Saville 2016；Turner & Purpura 2016）。但是，在高风险考试中，一旦考试结果作为重要的决策依据，教师或学生就会采取各种应试策略。那么，再好的考试设计可能都无法实现考试的预期后效。

第三，从考试使用的角度切入，借助社会学研究方法，探索考试对社会的影响。反拨效应也许与考试设计有关，但更可能是考试使用产生的影响，是考试价值的体现。考试经常被视为教育改革的助推器，也是升学、就业甚至移民的重要参考指标。Shohamy（2001）认为，如此"使用导向的考试"（use-oriented testing）与其所处的教育、社会和政治体系密不可分。考试的社会价值是考试开发者和使用者共同赋予的，因此，反拨效应的研究范畴应继续拓展，分析宏观的教育和社会环境，厘清利益相关者的责权利。Chalhoub-Deville（2016）建议运用"行动理论"，通过利益相关者的协商和合作，共同探索考试使用及其产生的后果，包括预期和非预期的后果（intended and unintended consequences）。

第四，反拨效应研究的设计和数据采集方式将更加合理，更加符合信息时代各类被试的习惯与质量期待。新时代学生和家长的综合素养都在快速提升，人们的交流手段更多样，权利意识不断深化。基于此，反拨效应研究将在加强伦理审核和提高研究质量与效率之间探索发展与平衡。前者包括增加审核强度、避免不必要的数据收集、保护研究参与者隐私、减少导向性提问并保障研究参与者的无忧退出机制；后者包括提高调研响应率、削弱应答中的负面情绪、防范社会预期式表演、融合多模态的数据采集方法等。研究工具和流程质量的提高将是未来反拨效应研究结论获得更多认可的前提。

第五，相关不等于因果，复杂不等于深入。随着研究方法论的发展与普及，越来越多的科研工作者和一线教师都已明白繁杂的统计模型不能替代个案分析与个体观察。由于很多量化分析都是基于平均值或者最大似然率作出判断，因此量化研究不是个性化和差异性效应的最佳研究方法。只有运用真正的混合研究方法，结合过程性证据和表现性行为来探索不同情境下的因果变量和测量误差来源，才能得到更富解释力和应用价值的反拨效应研究发现和结论。在这个过程中，元分析与AI智能工具都将发挥作用，加速相关认识的迭代升级。

第六，修订和完善语言测试道德规范和行为准则，提升考试质量，增强社会信任，发挥考试对教育的良好导向作用。道德规范和行为准则是考试公平性和有效性的重要保障，国际道德规范和行为准则也有助于不同国家和地区在语言测试领域的合作与交流。但是，在实际操作中，不同文化对道德规范和行为准则的理解和接受程度可能有所不同。而且，考试开发者、实施者、使用者、评估者等不同的利益相关群体可能面临利益冲突，难以完全遵守行为准则。近期，AI技术创新带来了新的伦理问题和挑战，现有的道德规范和行为准则需要不断更新和调整。因此，在修订和完善国际道德规范和行为准则的同时，我们需制定更契合我国国情的语言测试道德规范和行为准则。

第七，合作开展语言测试反拨效应研究，提高研究的深度和广度，促进跨学科(如教育学、心理学、社会学)和跨地区/文化的交流和理解。在合作研究中，研究者首先需要确定共同的研究目标和关键问题，确保所有合作方对研究目的有清晰的理解。其次，明确每个合作方的角色和责任，合理分配任务，以发挥各自的优势。合作研究可以提供多元视角和方法，促进不同学科之间的交流和碰撞，并能了解文化差异对反拨效应的影响。

第八，将考试反拨效应研究融入日常运作，实现从考试设计到考试使用全程跟踪，开展常规性和长期性的反拨效应研究。目前，反拨效应研究存在时间跨度短、数据采集难、以群体调查为主等问题。若将反拨效应研究视为考试常规工作的一部分，则有望在研究视角上，实现内部研究与外部研究相互结合；在研究主体上，实现考试机构的自我审视与外部学者的独立研究形成互补；在资源配置上，帮助研究者获得更全面、更丰富的数据，开展更深入、更细致的反拨效应研究。

9.3 语言测试反拨效应研究选题建议

根据上述对语言测试反拨效应研究发展趋势的分析，我们从语言测试反拨效应的理论框架、产生机制以及研究方法三个方面提出以下选题建议。

第一，构建语言测试反拨效应研究的理论框架并探索其应用，进一步完善其内容和结构，为反拨效应研究提供新的视角和工具。系统性和综合性的理论框架能够涵盖反拨效应的多种表现形式和影响因素，有助于研究者解释反拨效应的多样性和复杂性，深入理解和有效应对反拨效应。然而，框架的复杂性也可能带来实际应用中的挑战。因此，研究者应根据具体的研究场景，简化和优化框架，并验证其在不同教育环境中的适用性。我们在此举例说明一些具体的研究视角：

1）结合相关领域的研究成果（如期望–价值理论解释学生的学习动机、社会–认知框架分析社会和认知因素）构建反拨效应研究理论框架并验证其有效性。

2）区分微观、中观和宏观层面的反拨效应影响因素，结合具体的教育和社会环境，聚焦一个或多个层面的因素开展反拨效应研究。

3）聚焦某个利益相关群体（如教师、学生、家长、教学管理者、使用考试结果的相关政策制定者），分析其特征，构建并论证反拨效应理论框架。

4）结合学习者的个体特征，分析考试对不同学习者产生的影响，构建针对学习者个体的反拨效应研究框架。

5）开展AI技术支持下的自动化语言测试的反拨效应研究，探索技术应用对语言教学和学习产生的短期和长期影响。

第二，分析语言测试反拨效应的产生机制，为考试设计和教育政策的制定提供理论依据。反拨效应研究的一大难点是归因问题，即研究者很难采用准实验的方法，通过设立对照组，把观察到的各种变化归因于考试的实施或改革。研究者既要尊重数据和事实，避免过度解读或推断，也需要特别关注反拨效应的深层机制，避免仅仅关注其表面现象，把复杂问题简单化。以下举例说明一些具体的研究视角：

1）加强对考试预期效应的研究，探索实现考试预期效应的路径。例如，预期效应该由谁来确立，考试开发者、使用者、学生、教师或教学管理者？如何确立？阻碍考试实现预期效应的原因有哪些？

2）关注考试反拨效应在强度、延续时间、正负影响等不同维度上的变化，分析发生变化的原理，丰富反拨效应的内涵，阐释考试反拨效应的性质和特征。

3）转变传统的研究思路，从动态系统理论的视角把考试置于社会和教育系统中（王初明、亓鲁霞 2016）。在充分考虑环境因素的同时，探索产生反拨效应的各种可能因素，包括非考试因素或中介因素，从而更全面地理解反拨效应机制。

4）开展跟踪研究，对比基准数据，发现变化，并长期地跟踪、描述和分析每个阶段的变化以及引起变化的原因，区分表象和本质的改变，理解发生改变的机制。

第三，每一项研究都综合反映着研究者的认识论、方法论、本体论、价值论，以及具体方法素养（Staller & Chen 2020）。这也体现在语言测试反拨效应研究中，包括前文所述众多学科传统、影响因素、研究目标和分析方法的匹配与发展。方法论选题因此也必须肩负起承上启下的责任，在持续深入分析业界经典核心话题的同时，积极面对人工智能时代的新技术、新方法和新挑战，拓展语言测评的应用场景，保证相关决策的科学化。从方法论视角开展反拨效应研究的选题举例如下：

1）如何评估已有反拨效应研究的质量和外推性。

2）元分析能发现哪些反拨效应研究方法的跨文化共性与差异。

3）不同类型的语言测评，包括基础语言教学测评以及儿童和老年失语症等语言障碍测评的精确度和精确度标准是否不同，如何评估。

4）如何判定测评与反拨效应之间的因果关系。

5）已有的语言测试反拨效应研究是否存在方法论陷阱。

6）如何界定一项反拨效应研究的必要性和合法性。

7）如何融合多模态数据或者处理多模态数据结论间的不一致性。

8）人工智能如何辅助收集过程性、表现性以及个体化反拨效应数据。

9）人工智能时代的语言能力测试和反拨效应研究需解决哪些方法论挑战或难题。

参考文献

Adams, C. & J. Olsen. 2017. Principal support for student psychological needs: A social-psychological pathway to a healthy learning environment. *Journal of Educational Administration 55* (5): 510-525.

Akiyama, T. 2004. Introducing Speaking Tests into a Japanese Senior High School Entrance Examination. Ph.D. Dissertation. Melbourne: University of Melbourne.

Alderson, J. C. 2004. Foreword. In L. Cheng, Y. Watanabe & A. Curtis (eds.). *Washback in Language Testing: Research Contexts and Methods*. Mahwah, NJ: Lawrence Erlbaum Associates. ix-xii.

Alderson, J. C. & D. Wall. 1993. Does washback exist? *Applied Linguistics 14* (2): 115-129.

Alderson, J. C. & D. Wall. 1996. Editorial. *Language Testing 13* (3): 239-240.

Alderson, J. C. & L. Hamp-Lyons. 1996. TOEFL preparation courses: A study of washback. *Language Testing 13* (3): 280-297.

Alderson, C. J., C. Clapham & D. Wall. 1995. *Language Test Construction and Evaluation*. Cambridge: Cambridge University Press.

Alderson, C. J., T. Brunfaut & L. Harding. 2017. Bridging assessment and learning: A view from second and foreign language assessment. *Assessment in Education: Principles, Policy & Practice 24* (3): 379-387.

Alise, M. A. & C. Teddlie. 2010. A continuation of the paradigm wars? Prevalence rates of methodological approaches across the social/behavioral sciences.

Journal of Mixed Methods Research 4 (2): 103-126.

American Educational Research Association, American Psychological Association & National Council on Measurement in Education [AERA, APA & NCME]. 1999. *Standards for Educational and Psychological Testing.* Washington, DC: American Educational Research Association.

American Educational Research Association, American Psychological Association & National Council on Measurement in Education [AERA, APA & NCME]. 2014. *Standards for Educational and Psychological Testing.* Washington, DC: American Educational Research Association.

American Psychological Association. 1954. Technical recommendations for psychological tests and diagnostic techniques. *Psychological Bulletin 51*: 1-38.

American Psychological Association, American Educational Research Association & National Council on Measurement in Education [APA, AERA & NCME]. 1966. *Standards for Educational and Psychological Tests and Manuals.* Washington, DC: American Educational Research Association.

American Psychological Association, American Educational Research Association & National Council on Measurement in Education [APA, AERA & NCME]. 1974. *Standards for Educational and Psychological Tests.* Washington, DC: American Psychological Association.

American Psychological Association, American Educational Research Association & National Council on Measurement in Education [APA, AERA & NCME]. 1985. *Standards for Educational and Psychological Testing.* Washington, DC: American Psychological Association.

Ary, D., L. C. Jacobs, C. K. S. Irvine & D. A. Walker. 2019. *Introduction to Research in Education* (10th edition). Belmont, CA: CENGAGE Learning.

Asparouhov, T. & B. Muthén. 2009. Exploratory structural equation modeling. *Structural Equation Modeling: A Multidisciplinary Journal 16* (3): 397-438.

Bachman, L. F. 1990. *Fundamental Considerations in Language Testing.* Oxford: Oxford University Press.

Bachman, L. F. 2005. Building and supporting a case for test use. *Language Assessment Quarterly 2* (1): 1-34.

Bachman, L. F. & A. S. Palmer. 1996. *Language Testing in Practice: Designing and*

Developing Useful Language Tests. Oxford: Oxford University Press.

Bachman, L. F. & A. S. Palmer. 2010. *Language Assessment in Practice: Developing Language Assessment and Justifying their Use in the Real World.* Oxford: Oxford University Press.

Bachman, L. F. & B. Damböck. 2018. *Language Assessment for Classroom Teachers.* Oxford: Oxford University Press.

Bailey, C. A. 2007. *A Guide to Qualitative Field Research* (2nd edition). London: SAGE.

Bailey, K. M. 1996. Working for washback: A review of the washback concept in language testing. *Language Testing 13* (3): 257-279.

Bailey, K. M. 1999. *Washback in Language Testing.* Princeton, NJ: Educational Testing Service.

Ballard, P. B. 1939. *Teaching and Testing English.* London: University of London Press.

Bärnighausen, T., J. Røttingen, P. Rockers, I. Shemilt & P. Tugwell. 2017. Quasi-experimental study designs series - Paper 1: Introduction: Two historical lineages. *Journal of Clinical Epidemiology 89*: 4-11.

Bartholomew, D. J., M. Knott & I. Moustaki. 2011. *Latent Variable Models and Factor Analysis: A Unified Approach* (3rd edition). Hoboken, NJ: John Wiley & Sons.

Bergman, M. M. 2008. The straw man of qualitative-quantitative divide and their influence on mixed methods research. In M. M. Bergman (ed.). *Advances in Mixed Methods Research: Theories and Applications.* London: SAGE. 11-21.

Booth, D. K. 2018. *The Sociocultural Activity of High Stakes Standardised Language Testing: TOEIC Washback in a South Korean Context.* New York: Springer International Publishing.

Borenstein, M., L. V. Hedges, J. P. Higgins & H. R. Rothstein. 2009. *Introduction to Meta-analysis.* Hoboken, NJ: John Wiley & Sons.

Brennan, R. L. 1998. Misconceptions at the intersection of measurement theory and practice. *Educational Measurement: Issues and Practice 17* (1): 5-9+30.

Brennan, R. L. 2006. *Educational Measurement* (4th edition). Westport, CT: Praeger.

Brinkmann, S. 2017. Humanism after posthumanism: Or qualitative psychology after the "posts". *Qualitative Research in Psychology 14* (2): 109-130.

Brinkmann, S., M. H. Jacobsen & S. Kristiansen. 2020. Historical overview of qualitative research in the social sciences. In P. Leavy (ed.). *The Oxford Handbook of Qualitative Research* (2nd edition). New York: Oxford University Press. 22-58.

Brown, A., K. Hecker, H. Bok & R. Ellaway. 2021. Strange bedfellows: Exploring methodological intersections between realist inquiry and structural equation modeling. *Journal of Mixed Methods Research 15* (4): 485-506.

Brown, R. 1973. *A First Language: The Early Stages.* Cambridge, MA: Harvard University Press.

Bryant, A. 2014. The grounded theory method. In P. Leavy (ed.). *The Oxford Handbook of Qualitative Research.* New York: Oxford University Press. 116-136.

Brydon-Miller, M., D. Greenwood & P. Maguire. 2003. Why action research? *Action Research 1* (1): 9-28.

Burke, P. J. & J. S. Soffa. 2018. *The Elements of Inquiry: Research and Methods for a Quality Dissertation* (2nd edition). New York: Routledge.

Butler, Y. G., X. Peng & J. Lee. 2021. Young learners' voices: Towards a learner-centered approach to understanding language assessment literacy. *Language Testing 38* (3): 429-455.

Campbell, D. T. 1957. Factors relevant to the validity of experiments in social settings. *Psychological Bulletin 54* (4): 297-312.

Campbell, D. T. & J. C. Stanley. 1963. *Experimental and Quasi-experimental Designs for Research.* Chicago: Rand McNally.

Chalhoub-Deville, M. 2016. Validity theory: Reform policies, accountability testing, and consequences. *Language Testing 33* (4): 453-472.

Chalhoub-Deville, M. & B. O'Sullivan. 2020. *Validity: Theoretical Development and Integrated Arguments.* Sheffield: Equinox Publishing.

Chang, H. 2016. *Autoethnography as Method.* New York: Routledge.

Chapelle, C. A. 1999. Validity in language assessment. *Annual Review of Applied Linguistics 19*: 254-272.

Chapelle, C. A. 2008. The TOEFL validity argument. In C. A. Chapelle, M. K. Enright & J. M. Jamieson (eds.). *Building a Validity Argument for the Test of English as a Foreign Language^{TM}.* New York: Routledge. 319-352.

Chapelle, C. A. 2020. An introduction to language testing's first virtual special issue: Investigating consequences of language test use. *Language Testing 37* (4): 638-645.

Chapelle, C. A. 2021. Validity in language assessment. In P. Winke & T. Brunfaut (eds.). *The Routledge Handbook of Second Language Acquisition and Language Testing*. New York: Routledge. 11-20.

Chapelle, C. A. & E. Voss. 2021. Validation research and its limits. In C. A. Chapelle & E. Voss. (eds.). *Validity Argument in Language Testing: Case Studies of Validation Research*. Cambridge: Cambridge University Press. 325-344.

Chapelle, C. A., M. K. Enright & J. M. Jamieson (eds.). 2008. *Building a Validity Argument for the Test of English as a Foreign Language*. New York: Routledge.

Chapelle, C. A., M. K. Enright & J. M. Jamieson. 2010. Does an argument-based approach to validity make a difference? *Educational Measurement: Issues and Practice 29* (1): 3-13.

Chapin, F. S. 1938. Design for social experiments. *American Sociological Review 3* (6): 786-800.

Charmaz, K. 2006. *Constructing Grounded Theory: A Practical Guide Through Qualitative Analysis*. London: SAGE.

Cheng, L. 1997. How does washback influence teaching? Implications for Hong Kong. *Language and Education 11* (1): 38-54.

Cheng, L. 1998. The Washback Effect of Public Examination Change on Classroom Teaching: An Impact Study of the 1996 Hong Kong Certificate of Education in English on the Classroom Teaching of English in Hong Kong Secondary Schools. Unpublished Ph.D. Dissertation. Hong Kong: University of Hong Kong.

Cheng, L. 2005. *Changing Language Teaching Through Language Testing: A Washback Study*. Cambridge: Cambridge University Press.

Cheng, L. & A. Curtis. 2012. Test impact and washback: Implications for teaching and learning. In C. Coombe, P. Davidson, B. O'Sullivan & S. Stoynoff (eds.). *The Cambridge Guide to Second Language Assessment*. Cambridge: Cambridge University Press. 89-95.

Cheng, L., S. Andrews & Y. Yu. 2011. Impact and consequences of school-based assessment (SBA): Students' and parents' views of SBA in Hong Kong. *Language Testing 28* (2): 221-249.

Cheng, L., Y. Watanabe & A. Curtis (eds.). 2004. *Washback in Language Testing: Research Contexts and Methods*. Mahwah, NJ: Lawrence Erlbaum Associates.

Choi, I. C. 2008. The impact of EFL testing on EFL education in (South) Korea. *Language Testing 25* (1): 39-62.

Cizek, G. J. 2005. High-stakes testing: Contexts, characteristics, critiques, and consequences. In R. P. Rhelps (ed.). *Defending Standardized Testing*. Mahwah, NJ: Lawrence Erlbaum Associates. 23-54.

Cizek, G. J. 2008. Review: Assessing "Educational Measurement": Ovations, omissions, opportunities. *Educational Researcher 37* (2): 96-100.

Cizek, G. J. 2020. *Validity: An Integrated Approach to Test Score Meaning and Use*. New York: Routledge.

Cizek, G. J., S. L. Rosenberg & H. H. Koons. 2008. Sources of validity evidence for educational and psychological tests. *Educational and Psychological Measurement 68* (3): 397-412.

Coniam, D. & P. Falvey. 2018. *High-stakes Testing: The Impact of the LPATE on English Language Teachers in Hong Kong*. New York: Springer.

Coniam, D., P. Falvey & Y. Xiao. 2018a. A quantitative investigation of stakeholder perceptions. In D. Coniam & P. Falvey (eds.). *High-stakes Testing: The Impact of the LPATE on English Language Teachers in Hong Kong*. New York: Springer. 349-369.

Coniam, D., P. Falvey & Y. Xiao. 2018b. A Qualitative interpretation of the impact of the LPATE on key stakeholders. In D. Coniam & P. Falvey (eds.). *High-stakes Testing: The Impact of the LPATE on English Language Teachers in Hong Kong*. New York: Springer. 371-395.

Coniam, D., P. Falvey, P. Bodycott, V. Crew & M. M. P. Sze. 2000. *Establishing English Language Benchmarks for Primary Teachers of English Language*. Hong Kong: Advisory Committee on Teacher Education and Qualifications.

Cook, D. L. 1962. The Hawthorne effect in educational research. *The Phi Delta Kappan 44* (3):116-122.

Cook, T. D. & D. T. Campbell. 1979. *Quasi-experimentation: Design and Analysis Issues for Field Settings*. Boston: Houghton Mifflin.

Coolican, H. 2019. *Research Methods and Statistics in Psychology* (7th edition). Oxon: Routledge.

Cooper, H., L. V. Hedges & J. C. Valentine. (eds.). 2009. *The Handbook of Research*

Synthesis and Meta-analysis (2nd edition). New York: The Russell Sage Foundation.

Cooper, H. M. 2017. Research Synthesis and Meta-analysis: A Step-by-step Approach (5th edition). Los Angeles, CA: SAGE.

Cornesse, C., et al. 2020. A review of conceptual approaches and empirical evidence on probability and nonprobability sample survey research. Journal of Survey Statistics and Methodology 8 (1): 4-36.

Couch, A. & K. Keniston. 1960. Yeasayers and naysayers: Agreeing response set as a personality variable. Journal of Abnormal and Social Psychology 60 (2): 151-174.

Couper, M. 2008. Designing Effective Web Surveys. Cambridge: Cambridge University Press.

Creswell, J. W. 2015. Educational Research: Planning, Conducting, and Evaluating Quantitative and Qualitative Research (5th edition). Boston, MA: Pearson.

Creswell, J. W. & J. D. Creswell. 2018. Research Design: Qualitative, Quantitative, and Mixed Methods Approaches (5th edition). Thousand Oaks, CA: SAGE.

Crocker, L. 1997. Editorial: The great validity debate. Educational Measurement: Issues and Practice 16 (2): 4.

Crocker, L. & J. Algina. 2008. Introduction to Classical and Modern Test Theory. Mason, Ohio: Cengage Learning.

Cronbach, L. J. 1946. Response sets and test validity. Educational and Psychological Measurement 6 (4): 475-494.

Cronbach, L. J. 1950. Further evidence on response sets and test design. Educational and Psychological Measurement 10 (1): 3-31.

Cronbach, L. J. 1951. Coefficient alpha and the internal structure of tests. Psychometrika 16: 297-334.

Cronbach, L. J. 1971. Test validation. In R. L. Thorndike (ed.). Educational Measurement (2nd edition). Washington DC: American Council on Education. 443-507.

Cronbach, L. J. 1988. Five perspectives on validity argument. In H. Wainer & H. Braun (eds.). Test Validity. New York: Routledge. 3-17.

Cronbach, L. J. & P. E. Meehl. 1955. Construct validity in psychological tests. Psychological Bulletin 52 (4): 281-302.

Cureton, E. E. 1951. Validity. In E. F. Lindquist (ed.). Educational Measurement (1st edition). Washington DC: American Council on Education. 621-694.

Dablander, F. & R. van Bork. 2022. Causal inference. In A.-M. Isvoranu, S. Epskamp, L. J. Waldorp & D. Borsboom (eds.). *Network Psychometrics with R: A Guide for Behavioral and Social Scientists*. New York: Taylor & Francis. 213-232.

Davies, A. (ed.). 1968. *Language Testing Symposium: A Psycholinguistic Approach*. Oxford: Oxford University Press.

Davies, A. 2004. Introduction: Language testing and the golden rule. *Language Assessment Quarterly 1* (2-3): 97-107.

Davies, A., et al. 1999. *Dictionary of Language Testing*. Cambridge: Cambridge University Press.

Deci, E. L. & R. M. Ryan. 1985. *Intrinsic Motivation and Self-determination in Human Behavior*. New York: Plenum.

Denzin, N. L. & Y. S. Lincoln (eds.). 2000. *Handbook of Qualitative Research* (2nd edition). Thousand Oaks, CA: SAGE.

Dey, I. 2007. Grounding categories. In A. Bryant & K. Charmaz (eds.). *The SAGE Handbook of Grounded Theory*. London: SAGE. 167-190.

Deygers, B. & M. E. Malone. 2019. Language assessment literacy in university admission policies, or the dialogue that isn't. *Language Testing 36* (3): 347-368.

Deygers, B., K. Van den Branden & K. Van Gorp. 2018. University entrance language tests: A matter of justice. *Language Testing 35* (4): 449-476.

Dimova, S., X. Yan & A. Ginther. 2020. *Local Language Testing: Design, Implementation and Development*. London: Routledge.

Dong, M. 2020. Structural relationship between learners' perceptions of a test, learning practices, and learning outcomes: A study on the washback mechanism of a high-stakes test. *Studies in Educational Evaluation 64*: 34-45.

Dörnyei, Z. & T. Taguchi. 2010. *Questionnaires in Second Language Research: Construction, Administration, and Processing* (2nd edition). New York: Routledge.

Duff, P. 2008. *Case Study Research in Applied Linguistics*. New York: Taylor & Francis.

Edwards, A. L. 1957. *The Social Desirability Variable in Personality and Assessment and Research*. New York: Dryden Press.

Egger, M., G. D. Smith, M. Schneider & C. Minder. 1997. Bias in meta-analysis detected by a simple, graphical test. *British Medical Journal 315*: 629-634.

Fetters, M. & J. Molina-Azorin. 2017. The *Journal of Mixed Methods Research* starts a new decade: The mixed methods research integration trilogy and its dimensions. *Journal of Mixed Methods Research 11* (3): 291-307.

Fischer, F. 2007. Deliberative policy analysis as practical reason: Integrating empirical and normative arguments. In F. Fischer & G. J. Miller (eds.). *Handbook of Public Policy Analysis: Theory, Politics, and Methods*. Boca Raton: CRC Press. 223-236.

Fowler, F. J. Jr. 2014. *Survey Research Methods* (5th edition). Thousand Oaks, CA: SAGE.

Fritz, A., T. Scherndl & A. Kühberger. 2013. A comprehensive review of reporting practices in psychological journals: Are effect sizes really enough? *Theory & Psychology 23* (1): 98-122.

Fulcher, G. 2015. *Re-examining Language Testing: A Philosophical and Social Inquiry*. London and New York: Routledge.

Fulcher, G. & F. Davidson. 2007. *Language Testing and Assessment: An Advanced Resource Book*. London: Routledge.

Gall, M. D., J. P. Gall & W. R. Borg. 2007. *Educational Research: An Introduction* (8th edition). Boston, MA: Pearson.

Galton, F. 1886. Regression towards mediocrity in hereditary stature. *The Journal of the Anthropological Institute of Great Britain and Ireland 15*: 246-263.

Gass, S. & L. Selinker. 2008. *Second Language Acquisition: An Introductory Course* (3rd edition). Mahwah: Taylor & Francis.

Genesee, F. & J. A. Upshur. 1996. *Classroom-based Evaluation in Second Language Education*. Cambridge: Cambridge University Press.

Gibson, N., G. Gibson & A. Macaulay. 2001. Community-based research: Negotiating research agendas and evaluating outcomes. In J. Morse, J. Swanson & A. Kuzel (eds.). *The Nature of Qualitative Evidence*. Thousand Oaks, CA: SAGE. 161-184.

Ginther, A. & C. Elder. 2014. *A Comparative Investigation into Understandings and Uses of the TOEFL iBT® Test, the International English Language Testing Service (Academic) Test, and the Pearson Test of English for Graduate Admissions in the United States and Australia: A Case Study of Two University Contexts*. Princeton, NJ: Educational Testing Service.

Gippel, J., T. Smith & Y. Zhu. 2015. Endogeneity in accounting and finance research: Natural experiments as a state-of-the-art solution. *Abacus 51* (2): 143-168.

Giske, T. & B. Artinian. 2007. A personal experience of working with classical grounded theory: From beginner to experienced grounded theorist. *International Journal of Qualitative Methods 6* (4): 67-80.

Glaser, B. & A. Strauss. 1967. *The Discovery of Grounded Theory: Strategies for Qualitative Research*. New York: Aldine.

Good, T. L. & J. E. Brophy. 1974. Changing teacher and student behavior: An empirical investigation. *Journal of Educational Psychology 66* (3): 390-405.

Gopalan, M., K. Rosinger & J. Ahn. 2020. Use of quasi-experimental research designs in education research: Growth, promise, and challenges. *Review of Research in Education 44* (1): 218-243.

Gordon, L. V. 1951. Validities of the forced-choice and questionnaire methods of personality measurement. *Journal of Applied Psychology 35* (6): 407-412.

Green, A. 2003. *Test Impact and EAP: A Comparative Study in Backwash between IELTS Preparation and University Pre-sessional Courses.* Unpublished Ph.D. Dissertation. Roehampton: University of Surrey.

Green, A. 2006a. Washback to the learner: Learner and teacher perspectives on IELTS preparation course expectations and outcomes. *Assessing Writing 11* (2): 113-134.

Green, A. 2006b. Watching for washback: Observing the influence of the International English Language Testing System academic writing test in the classroom. *Language Assessment Quarterly 3* (4): 333-368.

Green, A. 2007. *IELTS Washback in Context: Preparation for Academic Writing in Higher Education*. Cambridge: Cambridge University Press.

Greene, J. C. 2007. *Mixed Methods in Social Inquiry*. San Francisco: Jossey-Bass.

Grigoropoulou, N. & M. L. Small. 2022. The data revolution in social science needs qualitative research. *Nature Human Behavior 6* (7): 904-906.

Groves, R., et al. 2004. *Survey Methodology* (1st edition). Hoboken, NJ: John Wiley & Sons.

Groves, R., et al. 2009. *Survey Methodology* (2nd edition). Hoboken, NJ: John Wiley & Sons.

Gu, X. & N. Saville. 2016. Twenty years of Cambridge English examinations in China: Investigating impact from the test-takers' perspectives. In G. Yu & Y. Jin (eds.).

Assessing Chinese Learners of English Language: Constructs, Consequences and Conundrums. Basingstoke: Palgrave Macmillan. 287-310.

Halliday, M. A. K. 1975. *Learning How to Mean.* London: Edward Arnold.

Hammersley, M. & P. Atkinson. 1995. *Ethnography: Principles in Practice* (2nd edition). New York: Routledge.

Hart, C. 1943. The Hawthorne experiments. *The Canadian Journal of Economics and Political Science 9* (2): 150-163.

Haynes, S. N., D. Richard & E. S. Kubany. 1995. Content validity in psychological assessment: A functional approach to concepts and methods. *Psychological Assessment 7* (3): 238-247.

Hedges, L. V. 1981. Distribution theory for Glass's estimator of effect size and related estimators. *Journal of Educational and Behavioral Statistics 6* (2): 107-128.

Henning, G. 1987. *A Guide to Language Testing: Development, Evaluation, Research.* Massachusetts: Newbury House.

Hesse-Biber, S. 2010. *Mixed Methods Research: Merging Theory with Practice.* New York: Guilford Press.

Hesse-Biber, S. & P. Leavy. 2011. *The Practice of Qualitative Research* (2nd edition). Thousand Oaks, CA: SAGE.

Hesse-Biber, S. & R. B. Johnson (eds.). 2015. *The Oxford Handbook of Multimethod and Mixed Methods Research Inquiry.* Oxford: Oxford University Press.

Heyneman, S. P. 1987. Uses of examinations in developing countries: Selection, research, and education sector management. *International Journal of Educational Development 7* (4): 251-263.

Higgins, J. P. T. & S. G. Thompson. 2002. Quantifying heterogeneity in a meta-analysis. *Statistics in Medicine 21*: 1539-1558.

Hinkin, T. R. 1998. A brief tutorial on the development of measures for use in survey questionnaires. *Organizational Research Methods 1* (1): 104-121.

Hinkin, T. R. & J. B. Tracey. 1999. An analysis of variance approach to content validation. *Organizational Research Methods 2* (2): 175-186.

Howitt, D. 2019. *Introduction to Qualitative Research Methods in Psychology: Putting Theory into Practice* (4th edition). Harlow: Pearson Education.

Hughes, A. 1989. *Testing for Language Teachers.* Cambridge: Cambridge University Press.

Hughes, A. 1993. *Backwash and TOEFL 2000*. Unpublished manuscript. Reading: University of Reading.

Hung, S. A. & H-T. D. Huang. 2019. Standardized proficiency tests in a campus-wide English curriculum: A washback study. *Language Testing in Asia 9* (1): 1-17.

Hungerland, R. 2005. The Role of Contextual Factors in Mediating the Washback of High-Stakes Language Assessments on Learners. Unpublished MA thesis. Ottawa: Carleton University.

Jin, Y. 2022a. Consequential research of accountability testing: The case of the CET. *Language Testing in Asia 12* (1): 1-18.

Jin, Y. 2022b. Test specifications. In G. Fulcher & L. Harding (eds.). *The Routledge Handbook of Language Testing* (2nd edition). New York: Taylor & Francis. 271-288.

Jin, Y. & J. Fan. 2011. Test for English Majors (TEM) in China. *Language Testing 28* (4): 589-596.

Johnson, R. B. & A. Onwuegbuzie. 2004. Mixed methods research: A research paradigm whose time has come. *Educational Researcher 33* (7): 14-26.

Johnson, R. B. & L. Christensen. 2017. *Educational Research: Quantitative, Qualitative, and Mixed Approaches* (6th edition). Thousand Oaks, CA: SAGE.

Jones, J. S. 2010. Origins and ancestors: A brief history of ethnography. In J. Scott-Jones & S. Watt (eds.). *Ethnography in Social Science Practice*. New York: Routledge. 13-27.

Jones, N. & N. Saville. 2016. *Learning Oriented Assessment: A Systemic Approach*. Cambridge: Cambridge University Press.

Jöreskog, K. G. 1969. A general approach to confirmatory maximum likelihood factor analysis. *Psychometrika 34* (2): 183-202.

Jovanović, G. 2011. Toward a social history of qualitative research. *History of the Human Sciences 24* (2): 1-27.

Kane, M. T. 1992. An argument-based approach to validity. *Psychological Bulletin 112* (3): 527-535.

Kane, M. T. 2001. Current concerns in validity theory. *Journal of Educational Measurement 38* (4): 319-342.

Kane, M. T. 2002. Validating high-stakes testing programs. *Educational Measurement: Issues and Practice 21* (1): 31-41.

Kane, M. T. 2006. Validation. In R. B. Brennan (ed.). *Educational Measurement* (4th edition). Westport, CT: American Council on Education/Praeger. 17-64.

Kane, M. T. 2013. Validating the interpretations and uses of test scores. *Journal of Educational Measurement 50* (1): 1-73.

Kim, J. & F. Davidson. 2014. Effect-driven test specifications. In A. J. Kunnan (ed.). *The Companion to Language Assessment, II*. Chichester, UK: Wiley Blackwell. 788-795.

Kish, L. 1965. *Survey Sampling*. New York: John Wiley & Sons.

Kish, L. & M. R. Frankel. 1974. Inference from complex samples. *Journal of the Royal Statistical Society: Series B (Methodological) 36* (1): 1-22.

Kleinberg, S. 2015. *Why: A Guide to Finding and Using Causes*. Sebastopol: O' Reilly Media, Incorporated.

Kline, R. B. 2015. *Principles and Practice of Structural Equation Modeling* (4th edition). New York: The Guilford Press.

Krippendorf, K. 2004. *Content Analysis: An Introduction to its Methodology* (2nd edition). Thousand Oaks, CA: SAGE.

Lado, R. 1961. *Language Testing: The Construction and Use of Foreign Language Tests: A Teacher's Book*. London: Longmans.

Lammers, W. J., S. Davis, O. Davidson & K. Hogue. 2016. Impact of positive, negative, and no personality descriptors on the attractiveness halo effect. *Psi Chi Journal of Psychological Research 21* (1): 29-34.

Leavy, P. 2014. Introduction. In P. Leavy (ed.). *The Oxford Handbook of Qualitative Research*. New York: Oxford University Press. 1-14.

Leavy, P. 2017. *Research Design: Quantitative, Qualitative, Mixed Methods, Arts-based, and Community-based Participatory Research Approaches*. New York: The Guilford Press.

Lei, L. & J. Qin. 2022. Research in foreign language teaching and learning in China (2012-2021). *Language Teaching 55* (4): 506-532.

Leung, C. 2004. Developing formative teacher assessment: Knowledge, practice, and change. *Language Assessment Quarterly 1* (1): 19-41.

Levy, P. S. 2014. Finite population correction. In N. Balakrishnan, et al. (eds.). *Wiley StatsRef: Statistics Reference Online*. Hoboken, NJ: John Wiley & Sons.

Lewin, K. 1951. *Field Theory in Social Science: Selected Theoretical Papers*. New York: Harper.

Li, A. Y. & A. I. Kennedy. 2018. Performance funding policy effects on community college outcomes: Are short-term certificates on the rise? *Community College Review 46* (1): 3-39.

Li, X. 1990. How powerful can a language test be? The MET in China. *Journal of Multilingual and Multicultural Development 11* (5): 393-404.

Light, R. J. & D. B. Pillemer. 1984. *Summing Up: The Science of Reviewing Research.* Cambridge, MA: Harvard University Press.

Lincoln, Y. S. & E. G. Guba. 1985. *Naturalistic Inquiry.* Newbury Park, CA: SAGE.

Liu, T., L. Ungar & K. Kording. 2021. Quantifying causality in data science with quasi-experiments. *Nature Computational Science 1* (1): 24-32.

MacCallum, R., M. Browne & H. Sugawara. 1996. Power analysis and determination of sample size for covariance structure modeling. *Psychological Methods 1* (2): 130-149.

Madaus, G. F. 1988. The distortion of teaching and testing: High-stakes testing and instruction. *Peabody Journal of Education 65* (3): 29-46.

Madson, H. 1976. New alternatives in EFL exams or, 'how to avoid selling English short'. *ELT Journal 30* (2): 135-144.

Malinowski, B. 1922. *Argonauts of the Western Pacific: An Account of Native Enterprise and Adventure in the Archipelagoes of Melanesian New Guinea.* London: Routledge & Kegan Paul.

McCord, J. 2003. Cures that harm: Unanticipated outcomes of crime prevention programs. *Annals of the American Academy of Political and Social Science 587*: 16-30.

McNamara, T. 2000. *Language Testing.* Oxford: Oxford University Press.

McNamara, T. 2003. Looking back, looking forward: Rethinking Bachman. *Language Testing 20* (4): 466-473.

McNamara, T. & C. Roever. 2006. *Language Testing: The Social Dimension.* Malden: Blackwell.

McNiff, J. 2013. *Action Research: Principles and Practice* (3rd edition). London: Routledge.

Mertens, D. M. 2010. *Research and Evaluation in Education and Psychology: Integrating Diversity With Quantitative, Qualitative, and Mixed Methods* (3rd edition). Thousand Oaks, CA: SAGE.

Messick, S. 1981. Evidence and ethics in the evaluation of tests. *Educational Researcher 10* (9): 9-20.

Messick, S. 1989. Validity. In R. Linn (ed.). *Educational Measurement* (3rd edition). New York: Macmillan. 13-103.

Messick, S. 1996. Validity and washback in language testing. *Language Testing 13* (3): 241-256.

Michell, J. 2003. The quantitative imperative: Positivism, naïve realism and the place of qualitative methods in psychology. *Theory & Psychology 13* (1): 5-31.

Milgram, S. 1974. *Obedience to Authority*. New York: Harper.

Mills, G. E. & L. R. Gay. 2019. *Educational Research: Competencies for Analysis and Applications* (12th edition). New York: Pearson.

Min, S., L. He & J. Zhang. 2020. Review of recent empirical research (2011-2018) on language assessment in China. *Language Teaching 53* (3): 316-340.

Morse, J. M. 1991. Approaches to qualitative-quantitative methodological triangulation. *Nursing Research 40* (2): 120-123.

Neuendorf, K. A. 2017. *The Content Analysis Guidebook* (2nd edition). Thousand Oaks, CA: SAGE.

Nosek, B. A., et al. 2022. Replicability, robustness, and reproducibility in psychological science. *Annual Review of Psychology 73* (1): 719-748.

Nunally, J. C. 1978. *Psychometric Theory* (2nd edition). New York: McGraw-Hill.

O'Sullivan, B. 2006. *Issues in Testing Business English: The Revision of the Cambridge Business English Certificates*. Cambridge: Cambridge University Press.

O'Sullivan, B. & C. Weir. 2011. Language testing and validation. In B. O'Sullivan (ed.). *Language Testing: Theory & Practice*. Oxford: Palgrave. 13-32.

Oller, J. 1979. *Language Tests at School: A Pragmatic Approach*. London: Longman.

Patton, M. Q. 2015. *Qualitative Research & Evaluation Methods: Integrating Theory and Practice*. Thousand Oaks, CA: SAGE.

Patton, M. Q. 2018. Evaluation science. *American Journal of Evaluation 39* (2): 183-200.

Pearl, J., M. Glymour & N. Jewell. 2016. *Causal Inference in Statistics: A Primer*. Chicester: Wiley.

Plake, B. S. & L. L. Wise. 2014. What is the role and importance of the revised AERA, APA, NCME standards for educational and psychological testing? *Educational*

Measurement: Issues and Practice 33 (4): 4-12.

Pollatsek, A. & A. Well. 1995. On the use of counterbalanced designs in cognitive research: A suggestion for a better and more powerful analysis. *Journal of Experimental Psychology: Learning, Memory, and Cognition 21* (3): 785-794.

Qi, L. 2004. *The Intended Washback Effect of the National Matriculation English Test in China: Intentions and Reality*. Beijing: Foreign Language Teaching and Research Press.

Raykov, T. & G. A. Marcoulides. 2019. Thanks coefficient alpha, we still need you! *Educational and Psychological Measurement 79* (1): 200-210.

Reason, P. & H. Bradbury (eds.). 2001. *Handbook of Action Research: Participative Inquiry and Practice*. London: SAGE.

Rosenbaum, P. R. 2002. *Observational Studies* (2nd edition). New York: Springer.

Rosenbaum, P. R. 2020. *Design of Observational Studies* (2nd edition). New York: Springer.

Rosenbaum P. R. & D. B. Rubin. 1983. The central role of the propensity score in observational studies for causal effects. *Biometrika 70* (1): 41-55.

Rosenbaum, P. R. & D. B. Rubin. 1985. Constructing a control group using multivariate matched sampling methods that incorporate the propensity score. *The American Statistician 39* (1): 33-38.

Rosenberg, M. S. 2024. MetaWin 3: Open-source software for meta-analysis. *Frontiers in Bioinformatics 4*: 1305969. DOI: 10.3389/fbinf.2024.1305969

Rosenthal, R. 1979. The 'File drawer problem' and tolerance for null results. *Psychological Bulletin 86*: 638-641.

Ross, S. J. 2008. Language testing in Asia: Evolution, innovation, and policy challenges. *Language Testing 25* (1): 5-13.

Rothstein, H. R. 2008. Publication bias as a threat to the validity of meta-analytic results. *Journal of Experimental Criminology 4*: 61-81.

Ryan, R. M. & E. L. Deci. 2000. Intrinsic and extrinsic motivations: Classic definitions and new directions. *Contemporary Educational Psychology 25* (1): 54-67.

Sackett, D. 1979. Bias in analytic research. *Journal of Chronic Diseases 32* (1): 51-63.

Saif, S. 2006. Aiming for positive washback: A case study of international teaching assistants. *Language Testing 23*(1): 1-34.

Saldaña, J. 2016. *The Coding Manual for Qualitative Researchers* (3rd edition).

Thousand Oaks, CA: SAGE.

Saretsky, G. 1972. The OEO P. C. Experiment and the John Henry effect. *Phi Delta Kappan 53* (9): 579-581.

Saville, N. 2009. Developing a Model for Investigating the Impact of Language Assessments within Educational Contexts by a Public Examination Provider. Unpublished Ph.D. Dissertation. Luton: University of Bedfordshire.

Saville, N. 2010. Developing a model for investigating the impact of language assessment. *Research Notes 42*: 2-8.

Schön, D. 1995. Knowing-in-action: The new scholarship requires a new epistemology. *Change: The Magazine of Higher Learning 27* (6): 27-34.

Schuman, H. 1997. Polls, surveys, and the English language. *The Public Perspective 8*: 6-7.

Seo, D. G. & G. De Jong. 2015. Comparability of online- and paper-based tests in a statewide assessment program: Using propensity score matching. *Journal of Educational Computing Research 52* (1): 88-113.

Shadish, W. R., T. D. Cook & D. T. Campbell. 2002. *Experimental and Quasi-experimental Designs for Generalized Causal Inference*. Boston, MA: Houghton Mifflin.

Shaw, I. 2008. Ethics and the practice of qualitative research. *Qualitative Social Work 7*: 400-414.

Shaw, S. D. & C. J. Weir. 2007. *Examining Writing: Research and Practice in Assessing Second Language Writing*. Cambridge: Cambridge University Press.

Shih, C. 2007. A new washback model of students' learning. *The Canadian Modern Language Review 64* (1): 135-162.

Shih, C. 2010. The washback of the general English proficiency test on university policies: A Taiwan case study. *Language Assessment Quarterly 7* (3): 234-254.

Shohamy, E. 1992. Beyond proficiency testing: A diagnostic feedback testing model for assessing foreign language learning. *The Modern Language Journal 76* (4): 513-521.

Shohamy, E. 1998. Critical language testing and beyond. *Studies in Educational Evaluation 24* (4): 331-345.

Shohamy, E. 2001. *The Power of Tests: A Critical Perspective on the Uses of Language Tests*. London: Routledge.

Shohamy, E. 2009. Language tests for immigrants: Why language? Why tests? Why citizenship? In G. Hogan-Brun, C. Mar-Molinero & P. Stevenson (eds.). *Discourses on Language and Integration: Critical Perspectives on Language Testing Regimes in Europe*. Amsterdam Havens: John Benjamins. 45-60.

Shohamy, E. & T. McNamara. 2009. Language tests for citizenship, immigration, and asylum. *Language Assessment Quarterly 6* (1): 1-5.

Sijtsma, K. & J. M. Pfadt. 2021. Part II: On the use, the misuse, and the very limited usefulness of Cronbach's Alpha: Discussing lower bounds and correlated errors. *Psychometrika 86* (4): 843-860.

Simon, B. 1974. *The Two Nations and Educational Structure 1780-1870*. London: Lawrence & Wishart.

Simons, H. 2009. *Case Study Research in Practice*. London: SAGE.

Simons, H. 2014. Case study research: In-depth understanding in context. In P. Leavy (ed.). *The Oxford Handbook of Qualitative Research*. Oxford: Oxford University Press. 455-470.

Simons, H., S. Kushner, K. Jones & D. James. 2003. From evidence-based practice to practice-based evidence: The idea of situated generalisation. *Research Papers in Education 18* (4): 347-364.

Sireci, S. G. 2007. On validity theory and test validation. *Educational Researcher 36* (8): 477-481.

Snow, J. 1854. The cholera near Golden-square, and at Deptford. *Medical Times Gazette 9*: 321-322.

Solomon, R. 1949. An extension of control group design. *Psychological Bulletin 46* (2): 137-150.

Stake, R. E. 1995. *The Art of Case Study Research*. Thousand Oaks, CA: SAGE.

Staller, K. M. & Y. Chen. 2020. Choosing a research design for a qualitative research—A ferris wheel of approaches. In U. Flick (ed.). *The SAGE Handbook of Qualitative Research Design*. Thousand Oaks, CA: SAGE. 69-86.

Stephen, J., A. Rockinson-Szapkiw & C. Dubay. 2020. Persistence model of non-traditional online learners: Self-efficacy, self-regulation, and self-direction. *American Journal of Distance Education 34* (4): 306-321.

Stevens, S. S. 1946. On the theory of scales of measurement. *Science 103*: 677-680.

Tashakkori, A. & I. Newman. 2023. Foundations of mixed methods research. In

R. Tierney, et al. (eds). *International Encyclopedia of Education* (4th edition). Amsterdam: Elsevier. 372-379.

Tashakkori, A. & J. Creswell. 2007. Editorial: The new era of mixed methods. *Journal of Mixed Methods Research 1* (1): 3-7.

Tashakkori, A., R. B. Johnson & C. Teddlie. 2021. *Foundations of Mixed Methods Research: Integrating Quantitative and Qualitative Approaches in the Social and Behavioral Sciences* (2nd edition). Thousand Oaks, CA: SAGE.

Taylor, L. 2013. Communicating the theory, practice and principles of language testing to test stakeholders: Some reflections. *Language Testing 30* (3): 403-412.

Teddlie, C. & A. Tashakkori. 2009. *Foundations of Mixed Methods Research: Integrating Quantitative and Qualitative Approaches in the Social and Behavioral Sciences.* Thousand Oaks, CA: SAGE.

Thirsk, L. M. & A. M. Clark. 2017. Using qualitative research for complex interventions: The contributions of hermeneutics. *International Journal of Qualitative Methods 16* (1): 1-10.

Thistlethwaite, D. & D. Campbell. 1960. Regression-discontinuity analysis: An alternative to the ex post facto experiment. *Journal of Educational Psychology 51* (6): 309-317.

Thomas, G. 2010. *How to Do Your Case Study: A Guide for Students and Researchers.* London: SAGE.

Thorndike, E. L. 1920. A constant error in psychological ratings. *Journal of Applied Psychology 4* (1): 25-29.

Tracy, S. J. 2020. *Qualitative Research Methods: Collecting Evidence, Crafting Analysis, Communicating Impact* (2nd edition). Hoboken, NJ: John Wiley & Sons.

Turner, C. & J. Purpura. 2016. Learning-oriented assessment in second and foreign language classrooms. In D. Tsagari & J. Banerjee (ed.). *Handbook of Second Language Assessment.* Berlin: Mouton De Gruyter. 255-274.

Valliant, R., J. A. Dever & F. Kreuter. 2018. *Practical Tools for Designing and Weighting Survey Samples* (2nd edition). New York: Springer.

Viechtbauer, W. 2010. Conducting meta-analyses in R with the metafor package. *Journal of Statistical Software 36* (3): 1-48.

Wall, D. 1997. Impact and washback in language testing. In C. Clapham & D. Corson (eds.). *Encyclopedia of Language and Education: Volume 7 Language Testing and Assessment*. Dordrecht: Kluwer Academic. 291-302.

Wall, D. & J. C. Alderson. 1993. Examining washback: The Sri Lankan impact study. *Language Testing 10* (1): 41-69.

Wang, Y., et al. 2021. Diagnosis and differential diagnosis flow diagram of Chinese post‑stroke aphasia types and treatment of post‑stroke aphasia. *Aging Medicine 4* (4): 325-336.

Ward, A. & P. J. Johnson. 2008. Addressing confounding errors when using non-experimental, observational data to make causal claims. *Synthese 163* (3): 419-432.

Watanabe, Y. 1997. Washback Effects of the Japanese University Entrance Examination: A Classroom-based Research. Unpublished Ph.D. Dissertation. Lancaster: Lancaster University.

Watanabe, Y. 2004. Methodology in washback studies. In L. Cheng, Y. Watanabe & A. Curtis (eds.). *Washback in Language Testing: Research Contexts and Methods*. Mahwah: Lawrence Erlbaum Associates. 19-36.

Weir, C. J. 1990. *Communicative Language Testing*. London: Prentice Hall.

Weir, C. J. 1993. *Understanding and Developing Language Tests*. New York: Prentice Hall.

Weir, C. J. 2005. *Language Testing and Validation: An Evidence-Based Approach*. Basingstoke: Palgrave Macmillan.

Wesdorp, H. 1982. Backwash effects of language testing in primary and secondary education. *Journal of Applied Language Study 1* (1): 40-55.

Whitney, S. N. 2016. *Balanced Ethics Review: A Guide for Institutional Review Board Members*. New York: Springer.

Wiersma, W. 2000. *Research Methods in Education: An Introduction* (7th edition). Needham Heights, MA: Allyn Bacon.

Wilkinson, L. & the Task Force on Statistical Inference. 1999. Statistical methods in psychology journals: Guidelines and explanations. *American Psychologist 54* (8): 594-604.

Winch, 1908. The transfer of improvement of memory in schoolchildren. *British Journal of Psychology 2* (3): 284-293.

Withall, J. 1956. An objective measurement of a teacher's classroom interactions. *Journal of Educational Psychology 47* (4): 203-212.

Woods, M., T. Paulus, D. Atkins & R. Macklin. 2015. Advancing qualitative research using qualitative data analysis software (QDAS)? Reviewing potential versus practice in published studies using ATLAS.ti and NVivo, 1994-2013. *Social Science Computer Review 34* (5): 597-617.

Woolf, N. H. & C. Silver. 2017a. *Qualitative Analysis Using NVivo: The Five-level QDA® Method.* New York: Routledge.

Woolf, N. H. & C. Silver. 2017b. *Qualitative Analysis Using MAXQDA: The Five-level QDA™ Method.* New York: Routledge.

Woolf, N. H. & C. Silver. 2017c. *Qualitative Analysis Using ATLAS.ti: The Five-level QDA™ Method.* New York: Routledge.

Wright, K. B. 2005. Researching internet-based populations: Advantages and disadvantages of online survey research, online questionnaire authoring software packages, and web survey services. https://onlinelibrary.wiley.com/doi/full/10.1111/j.1083-6101.2005.tb00259.x (accessed 04/08/2020).

Wright, P. G. 1928. *The Tariff on Animal and Vegetable Oils.* New York: Macmillan.

Wu, J. & M. C. Lee. 2017. The relationships between test performance and students' perceptions of learning motivation, test value, and test anxiety in the context of the English benchmark requirement for graduation in Taiwan's universities. *Language Testing in Asia 7* (9): 1-21.

Wu, X. & L. J. Zhang. 2019. Book review: The sociocultural activity of high stakes standardised language testing: TOEIC washback in a South Korean context. *Language Assessment Quarterly 16* (3): 369-372.

Xie, Q. 2010. Test Design and Use, Preparation, and Performance: A Structural Equation Modeling Study of Consequential Validity. Unpublished Ph.D. Dissertation. Hong Kong: The University of Hong Kong.

Xie, Q. 2015. Do component weighting and testing method affect time management and approaches to test preparation? A study on the washback mechanism. *System 50*: 56-68.

Xie, Q. & S. Andrews. 2013. Do test design and uses influence test preparation? Testing a model of washback with Structural Equation Modeling. *Language*

Testing 30 (1): 49-70.

Xu, Q. & J. Liu. 2018. *A Study on the Washback Effects of the Test For English Majors (TEM): Implications for Testing and Teaching Reforms.* New York: Springer.

Yang, H., X. Gu & Y. Huang. 2020. The washback of B2 Business Vantage Speaking Test － An Investigation on Examiners. *Overseas English Testing: Pedagaogy and Research 2* (1): 1-11.

Zegiob, L., S. Arnold & R. Forehand. 1975. An examination of observer effects in parent-child interactions. *Child Development 46* (2): 509-512.

Zhang, L. 2022. Test review: College English Test-spoken English Test (CET-SET). *Studies in Language Assessment 11* (2):164-180.

Zheng, Y. & L. Cheng. 2008. Test review: The College English Test (CET) in China. *Language Testing 25* (3): 408-417.

Zimbardo, P. G. 2007. *The Lucifer Effect: Understanding How Good People Turn Evil.* New York: Random House.

Zou, S. & Q. Xu. 2017. A washback study of the Test for English Majors for Grade Eight (TEM 8) in China － From the perspective of university program administrators. *Language Assessment Quarterly 14* (2): 140-159.

陈艳君、蔡金亭、胡利平, 2018, 外语高考改革新模式的反拨效应研究,《外语学刊》(1): 79-85。

董曼霞, 2020,《高考英语反拨效应实证研究》。成都: 四川大学出版社。

窦营山, 2022, 在线考试与传统考试成绩等效性研究——基于2000—2020年国际实证研究的元分析,《中国远程教育》(1): 73-84。

范劲松、张晓艺, 2024,《RASCH测量理论在语言测评中的应用研究》。北京: 外语教学与研究出版社。

风笑天, 2014,《社会调查中的问卷设计》。北京: 中国人民大学出版社。

高怀勇、刘锋、戴焕奇, 2014, 基于测试后效证据的PETS口试效度研究,《解放军外国语学院学报》(5): 40-49。

辜向东, 2007a,《正面的还是负面的? ——大学英语四、六级考试反拨效应实证研究》。重庆: 重庆大学出版社。

辜向东, 2007b, 大学英语四、六级考试对中国大学英语教学的反拨效应实证研究,

《重庆大学学报（社会科学版）》（4）：119-125。

辜向东、肖巍，2013，CET对我国非英语专业大学生考试策略使用的反拨效应研究，《外语测试与教学》（1）：30-38。

辜向东、黄萍、李红、刘晓华、肖巍，2014，《大学英语四、六级考试反拨效应历时研究》。成都：四川大学出版社。

桂诗春，1986，《标准化考试——理论、原则与方法》。广州：广东高等教育出版社。

侯杰泰、温忠麟、成子娟，2004，《结构方程模型及其应用》。北京：教育科学出版社。

黄大勇、杨炳钧，2002，语言测试反拨效应研究概述，《外语教学与研究》（4）：288-293。

黄炜、张子尧、刘安然，2022，从双重差分法到事件研究法，《产业经济评论》（2）：17-36。

金艳，2006，提高考试效度，改进考试后效——大学英语四、六级考试后效研究，《外语界》（6）：65-73。

金艳、孙杭，2020，外语课堂评估研究（2007—2018）：回顾与展望，《东北师大学报（哲学社会科学版）》（5）：166-173。

金艳、杨惠中，2018，走中国特色的语言测试道路：大学英语四、六级考试三十年的启示，《外语界》（2）：29-39。

李刚、王红蕾，2016，混合方法研究的方法论与实践尝试：共识、争议与反思，《华东师范大学学报》（4）：98-105+121。

李清华，2006，语言测试之效度理论发展五十年，《现代外语》（1）：87-95。

李筱菊，1997，《语言测试科学与艺术》（第1版）。长沙：湖南教育出版社。

李筱菊，2001，《语言测试科学与艺术》（第2版）。长沙：湖南教育出版社。

刘晓华、辜向东，2013，国内外反拨效应实证研究二十年回顾，《外语测试与教学》（1）：4-17。

罗胜强、姜嬿，2014，《管理学问卷调查研究方法》。重庆：重庆大学出版社。

马浚锋、罗志敏，2022，我国世界一流大学建设政策的成效研究——基于双重差分模型的经验证据，《高校教育管理》（2）：59-74。

美国教育研究协会、美国心理学协会、全美教育测量学会（编），2003，《教育与心理测试标准》（*Standards for Educational and Psychological Testing*），燕娓琴、谢小庆译。沈阳：沈阳出版社。

孟庆茂、刘红云，2002，α系数在使用中存在的问题，《心理学探新》（3）：42-47。

亓鲁霞, 2004, NMET的反拨作用,《外语教学与研究》(5): 357-363+401。

亓鲁霞, 2007, 高考英语的期望后效和实际后效–基于短文改错题的调查,《课程·教材·教法》(10): 43-50。

亓鲁霞, 2012, 语言测试反拨效应的近期研究与未来展望,《现代外语》(2): 202-208+220。

任志洪等, 2023,《心理学元分析方法: 理论、案例与操作》。北京: 中国人民大学出版社。

唐美玲、王明晖、王雁, 2019,《高校问卷调查研究方法与实践》。上海: 同济大学出版社。

王初明、亓鲁霞, 2016, 从动态系统理论视角看语言测试的反拨效应,《山东外语教学》(4): 35-42。

王骏、孙志军, 2015, 重点高中能否提高学生的学业成绩——基于F县普通高中的一个断点回归设计研究,《北京大学教育评论》(4): 82-109+186。

王孟成, 2014,《潜变量建模与Mplus应用》(基础篇)。重庆: 重庆大学出版社。

王孟成、毕向阳, 2018,《潜变量建模与Mplus应用》(进阶篇)。重庆: 重庆大学出版社。

温忠麟、刘红云, 2020,《中介效应和调节效应方法及应用》。北京: 教育科学出版社。

温忠麟、叶宝娟, 2011, 测验信度估计: 从α系数到内部一致性信度,《心理学报》(7): 821-829。

温忠麟、黄彬彬、汤丹丹, 2018, 问卷数据建模前传,《心理科学》(1): 204-210。

温忠麟等, 2022, 新世纪20年国内测验信度研究,《心理科学进展》(8): 1682-1691。

肖巍、辜向东, 2022, 六级、雅思、托福写作测试的反拨效应机制对比研究,《外语教学理论与实践》(3): 94-103。

肖巍、辜向东、倪传斌, 2014, CET的反拨效应机制: 基于多群组结构方程模型建模的历时研究,《外语教学理论与实践》(3): 36-43。

谢爱磊等, 2024, 教育研究中的混合方法研究: 1+1等于几?《重庆高教研究》(网络首发): 1-19。

徐国兴, 2020,《问卷设计》。上海: 华东师范大学出版社。

徐倩, 2012, 英语专业八级考试的反拨作用研究——对外语专家和英语学科负责人的一次调查,《外语界》(3): 21-31。

杨惠中, 2003, 大学英语四、六级考试十五年回顾,《外国语》(3): 21-29。

杨惠中, 2015, 有效测试、有效教学、有效使用,《外国语》(1): 2-26。

杨惠中、桂诗春，2007，语言测试的社会学思考，《现代外语》（4）：42-48+111。

杨惠中、桂诗春，2015，《语言测试社会学》。上海：上海外语教育出版社。

杨鲁新、王素娥、常海潮、盛静，2013，《应用语言学中的质性研究与分析》。北京：外语教学与研究出版社。

杨学为，2001，《中国考试改革研究》。北京：北京大学出版社。

杨学为，2017，从废除科举到恢复高考。载教育部考试中心（编），《我与高考改革同行：恢复高考40周年纪念文集1977—2017》。北京：高等教育出版社。8-14。

杨延宁，2014，《应用语言学研究的质性研究方法》。北京：商务印书馆。

杨志红，2019，《翻译测试与评估研究》。北京：外语教学与研究出版社。

于涵，2017，一点浩然气 千里快哉风——高考制度恢复40年考试内容改革。载教育部考试中心（编），《我与高考改革同行：恢复高考40周年纪念文集1977—2017》。北京：高等教育出版社。123-128。

张建珍，2012，国内英语语言测试反拨效应研究回顾与展望——对国内9种主要外语类期刊的统计分析，《外语测试与教学》（3）：27-33。

赵中宝、范劲松，2012，《语言测试实践》评介，《现代外语》（1）：105-107。

朱红兵，2019，《问卷调查及统计分析方法——基于SPSS》。北京：电子工业出版社。

朱正才，2022，《语言测试的心理测量与统计模型》。上海：上海交通大学出版社。

邹申、董曼霞，2014，国内反拨效应研究20年：现状与思考，《中国外语》（4）：4-14。

推荐文献

Alderson, J. C. & D. Wall. 1993. Does washback exist? *Applied Linguistics 14* (2): : 115-129.

Ary, D., L. C. Jacobs, C. K. S. Irvine & D. A. Walker. 2019. *Introduction to Research in Education* (10th edition). Belmont, CA: CENGAGE Learning.

Bailey, K. M. 1999. *Washback in Language Testing.* Princeton, NJ: Educational Testing Service.

Borenstein, M., L. V. Hedges, J. P. Higgins & H. R. Rothstein. 2009. *Introduction to Meta-analysis.* Hoboken, NJ: John Wiley & Sons.

Cheng, L., Y. Watanabe & A. Curtis (eds.). 2004. *Washback in Language Testing: Research Contexts and Methods.* Mahwah, NJ: Lawrence Erlbaum Associates.

Cooper, H. M. 2017. *Research Synthesis and Meta-analysis: A Step-by-step Approach* (5th edition). Los Angeles, CA: SAGE.

Creswell, J. W. & J. D. Creswell. 2018. *Research Design: Qualitative, Quantitative, and Mixed Methods Approaches* (5th edition). Thousand Oaks, CA: SAGE.

Duff, P. 2012. *Case Study Research in Applied Linguistics: Second Language Acquisition Research Series.* Mahwah: Taylor & Francis.

Glaser, B. & A. Strauss. 1967. *The Discovery of Grounded Theory: Strategies for Qualitative Research.* New York: Aldine.

Green, A. 2007. *IELTS Washback in Context: Preparation for Academic Writing in Higher Education.* Cambridge: Cambridge University Press.

Groves, R., et al. 2009. *Survey Methodology* (2nd edition). Hoboken, NJ: John Wiley & Sons.

Howitt, D. 2019. *Introduction to Qualitative Research Methods in Psychology: Putting Theory into Practice* (4th edition). Harlow: Pearson Education.

Kline, R. B. 2015. *Principles and Practice of Structural Equation Modeling* (4th edition). New York: The Guilford Press.

Leavy, P. 2017. *Research Design: Quantitative, Qualitative, Mixed Methods, Arts-based, and Community-based Participatory Research Approaches.* New York: The Guilford Press.

Leavy, P. (ed.). 2020. *The Oxford Handbook of Qualitative Research.* Oxford: Oxford University Press.

Mertens, D. M. 2010. *Research and Evaluation in Education and Psychology: Integrating Diversity With Quantitative, Qualitative, and Mixed Methods* (3rd edition). Thousand Oaks, CA: SAGE.

Mills, G. E. & L. R. Gay. 2019. *Educational Research: Competencies for Analysis and Applications* (12th edition). New York: Pearson.

Neuendorf, K. A. 2017. *The Content Analysis Guidebook* (2nd edition). Thousand Oaks, CA: SAGE.

Qi, L. 2004. *The Intended Washback Effect of the National Matriculation English Test in China: Intentions and Reality.* Beijing: Foreign Language Teaching and Research Press.

Shohamy, E. 2001. *The Power of Tests: A Critical Perspective on the Uses of Language Tests.* London: Routledge.

Teddlie, C. & A. Tashakkori. 2009. *Foundations of Mixed Methods Research: Integrating Quantitative and Qualitative Approaches in the Social and Behavioral Sciences.* Thousand Oaks, CA: SAGE.

Thomas, G. 2010. *How to Do Your Case Study: A Guide for Students and Researchers.* London: SAGE.

Valliant, R., J. A. Dever & F. Kreuter. 2018. *Practical Tools for Designing and Weighting Survey Samples* (2nd edition). New York: Springer.

Yu, G. & Y. Jin (eds.). 2016. *Assessing Chinese Learners of English Language: Constructs, Consequences and Conundrums.* Basingstoke: Palgrave Macmillan.

董曼霞, 2020,《高考英语反拨效应实证研究》。成都: 四川大学出版社。

范劲松、张晓艺, 2024,《RASCH测量理论在语言测评中的应用研究》。北京: 外语教学与研究出版社。

辜向东、黄萍、李红、刘晓华、肖巍, 2014,《大学英语四、六级考试反拨效应历时研究》。成都: 四川大学出版社。

侯杰泰、温忠麟、成子娟, 2002,《结构方程模型及其应用》。北京: 教育科学出版社。

李筱菊, 2001,《语言测试科学与艺术》(第2版)。长沙: 湖南教育出版社。

罗胜强、姜嬿, 2014,《管理学问卷调查研究方法》。重庆: 重庆大学出版社。

任志洪等, 2023,《心理学元分析方法: 理论、案例与操作》。北京: 中国人民大学出版社。

王孟成, 2014,《潜变量建模与Mplus应用》(基础篇)。重庆: 重庆大学出版社。

王孟成、毕向阳, 2018,《潜变量建模与Mplus应用》(进阶篇)。重庆: 重庆大学出版社。

温忠麟、刘红云, 2020,《中介效应和调节效应方法及应用》。北京: 教育科学出版社。

杨惠中、桂诗春, 2007, 语言测试的社会学思考,《现代外语》(4): 42-48+111。

杨惠中、桂诗春, 2015,《语言测试社会学》。上海: 上海外语教育出版社。

朱红兵, 2019,《问卷调查及统计分析方法——基于SPSS》。北京: 电子工业出版社。

朱正才, 2022,《语言测试的心理测量与统计模型》。上海: 上海交通大学出版社。

索引